男子ごはんの本 その12

INTRODUCTION
はじめに

『男子ごはんの本』もその12まできました
12といえば十二支、いってみよう！

ねー

うしろ向かないで聞いてよ

とらわれない味つけは

うまれ持ったセンス

たつじん　その名は

みすたー心平！

うまく作るための

ひつじゅひん　それは愛情!!

さるー！

とりあえずスペイン語で乾杯

いぬも呼んでさ

いっぱい楽しんでください　この本で

自由に使用してください！
（じゅうにし）

料理はエンターテインメント！

国分太一

難しいけど、僕も十二支でいってみよう！

ねこが鳴いたよ

うしろを向いてごらん

とらえようのない光が見えて

うっとうしい闇を払うと

たっているのは

みすたー太ーさん！

うまい！　の一言で

ひつじたちも眼を覚ます！

さるー！

とりあえず同じくスペイン語で乾杯

いぬを飼おうかな

いい人生を送ろう！　この本で

おあとがよろしいようで…

栗原心平

INDEX
目 次

はじめに …………………………… 002

SPRING 男子ごはんの春。 ………… 007

#559 肉巻きおにぎり／辛麺 ………… 008

#560 ホームパーティーにオススメの3品
GUEST★広末涼子 ………… 010

#561 ホワイトデー和食 ………… 012

#562 春のおつまみ3種 ………… 014

#563 サバ缶とイワシ缶を使ったアレンジ3品
………… 016

#564 春の和定食 ………… 018

#565 春の定番祭り第1弾"丼" ………… 020

#567 春の定番祭り第2弾"パスタ" ………… 022

#568 春の定番祭り第3弾"魚料理" ………… 024

#569 春の定番祭り第4弾"炒め物" ………… 026

#570 マーボーカレー ………… 028

#571 スイートチリチキンカツバーガー
テリヤキ月見バーガー ………… 030

裏男子ごはんTALK TIME傑作選 vol.1 …032

SUMMER 男子ごはんの夏。 ……… 033

#572 トマトのカッペリーニ風冷やし中華
豆乳煮干し冷やし中華
黒酢冷やし中華 ………… 034

#573 鴨肉の山賊焼き
かまぼこの梅肉海苔わさび和え
茶碗蒸し風だし巻き ………… 036

#574 スタミナ定食 ………… 038

#575 手ごね寿司／亀山みそ焼きうどん …040

#576 桜エビと塩昆布の和風チャーハン
枝豆と高菜のジューシー餃子 …… 042

#577 塩レモン焼きそば
豪快ミートボール
もう我慢できない！(絶品アヒージョ) …044

#578 鯛とハーブのオーブン蒸し
豚バラ肉のかたまり焼き
GUEST★外ごはんスタイリスト 風森美絵…046

#579 浅漬けカポナータ
みょうがの肉巻き
ナスの冷やし麺風 香味だれ ……… 048

#580 タイ料理2品 ………… 050

#581 夏のおつまみ3種 ………… 052

#582 じゃことニラのカリカリぶっかけ飯
焼き鮭とクリームチーズののっけ飯
鶏ひき肉とザーサイの即席冷やしクッパ
………… 054

#583 夏の冷やし鍋 ………… 056

#584 夏の梅肉チキンカレー ………… 058

#586 鯛とディルの冷製そうめん
ニラと桜エビの混ぜそうめん
エビと鶏ひきしんじょうのそうめん揚げ
………… 060

裏男子ごはんTALK TIME傑作選 vol.2 …062

AUTUMN 男子ごはんの秋。 ………063

#587	和風きのこハンバーグ …………064
#588	秋の和定食 ……………066
#589	秋のおつまみ3種 GUEST★蒼井 優 …………068
#590	ホットプレートで作るチーズ料理 …070
#591	魚介を使ったイタリアン2品 …………072
#592	サバ缶を使った料理3品 …………074
#593	定番中華料理3品 …………076
#594	心平流スタミナラーメン 納豆トンカツ …………078
#595	鶏のゆずしょうがみぞれ鍋 ………080
#596	砂肝の花椒揚げ／豚の花椒角煮 辣白菜（ラーバーツァイ） …………082

裏男子ごはんTALK TIME傑作選 vol.3 …084

WINTER 男子ごはんの冬。 ………085

#597	豚肩ロースの塩釜焼／刺身の燻製 GUEST★アウトドアスペシャリスト A-suke…086
#598	オイルサーディンのオムレツごはん プデチゲ やっぱり我慢できない！（絶品アヒージョ） …………088
#599	栗原家の牛ごぼう 豚巻きれんこんもち カブと手羽先の甘酢煮 …………090
#600	トマチー餃子／イタリアンチャーハン …………092
#601	冬の和定食 …………094
#603	男子ごはん in スペイン …………096
#605	チキンカツカレー …………098
#606	冬のおつまみ3種 …………100
#607	鶏とつまみ菜のとろみうどん しいたけと豚の豆乳ラーメン 辛子あんぶっかけそば …………102
#608	トマトしょうゆ鍋 …………104
#609	中華点心3種 …………106
#610	心平流えびめし チーズデミグラスカツ丼 …………108

男子ごはん的 おうちBARへようこそ。 …111

素材・ジャンル別INDEX ……………126

● 当書籍には、『男子ごはん』（テレビ東京系）で紹介された内容
＜#559（2019年2月24日放送）～#610（2020年2月23日放送）＞
を掲載しています。
● 書籍化にあたり、レシピの一部を改訂しています。
● #566（2019年4月14日放送）は『男子ごはんの本 その11出版
記念』、#585（2019年8月25日放送）は『夏の総集編 チャーハ
ン＆餃子特集』、#602（2019年12月22日放送）は『クリスマス
料理総集編』、#604（2020年1月12日放送）は『男子ごはんア
ワード2019』放送のため、レシピの掲載はありません。

ATTENTION
この本を、もっと活用していただくために。

☑ **メニューの脇に「ジャンル別」「素材別」のアイコンをつけています。**
メインからサイドメニューまで、この本に載っている全てのレシピタイトルを「素材・ジャンル別INDEX」(P.126)にまとめています。今日の献立に迷った時は、INDEXから逆引きしてみてください。

ジャンル別

和	= 和食	中	= 中華料理
洋	= 洋食	韓	= 韓国料理
伊	= イタリアン	亜	= アジア料理

素材別

飯	= ごはん・お米	豆	= 豆腐料理
麺	= 麺・パスタ	汁	= 汁物・スープ
肉	= 肉料理	肴	= おつまみ
魚	= 魚介料理	鍋	= 鍋料理
菜	= 野菜料理	甘	= おやつ

☑ **材料に記した分量は、**
1カップ = 200㎖(cc)、
大さじ1 = 15㎖(cc)、
小さじ1 = 5㎖(cc)です。

☑ **SHIMPEI'S POINT / TAICHI'S POINT とは?**
料理を簡単&美味しく作るために、欠かせないポイント。料理ビギナーから中・上級者まで思わず納得の裏技満載なので、ぜひ参考にしてみてください。

☑ **お酒アイコンとは?** 「おつまみ」メニューの脇に、一緒に飲むと相性抜群のお酒のアイコンを掲載しています。

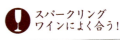

SPRING

男子ごはんの春。

#559	肉巻きおにぎり／辛麺
#560	ホームパーティーにオススメの3品
#561	ホワイトデー和食
#562	春のおつまみ3種
#563	サバ缶とイワシ缶を使ったアレンジ3品
#564	春の和定食
#565	春の定番祭り第1弾"丼"
#567	春の定番祭り第2弾"パスタ"
#568	春の定番祭り第3弾"魚料理"
#569	春の定番祭り第4弾"炒め物"
#570	マーボーカレー
#571	スイートチリチキンカツバーガー
	テリヤキ月見バーガー

47都道府県ご当地ごはん 第6弾 宮崎県編

photo by TAICHI

SPRING 559　　　2019.02.24 OA

肉巻きおにぎり／辛麺

TAICHI'S COMMENT
肉巻きおにぎりは牛肉の旨味と
ごはんの相性が抜群！
辛麺はさっぱりしていながら
コクもしっかり感じられます。
卵のまろやかさがポイントですね。

和 飯 肉巻きおにぎり

材料(2人分)

温かいごはん：260g
牛肩ロース肉
(すき焼き用)：4枚(200g)
塩：少々

a ┃ しょうゆ：大さじ2
　┃ 砂糖：大さじ1½
　┃ みりん：大さじ1
　┃ ごま油：大さじ½
　┃ 白炒りごま、糸唐辛子：
　┃ 各適宜

★肉巻きおにぎりとは？
居酒屋のまかない料理として誕生した、宮崎県を代表するご当地グルメ。当初は三角形だったが、食べやすくするため俵形になった。

作り方

① 手をサッと濡らし、ごはんを4等分にして細めの俵形ににぎる。おにぎり1個に牛肉を1枚巻きつけ、表面に塩を振る。

② aを混ぜ合わせる。

③ フライパンを熱してごま油をひき、①を並べてたまに転がしながら中火で焼く。肉全体の色が変わったら、②を加えてからめる。

④ 器に盛って白炒りごまを振り、糸唐辛子を添える。

SHIMPEI'S POINT
おにぎりは細めの俵形にすることで、牛肉とのバランスが良い仕上がりになる。

中 麺 辛麺

材料(2人分)

豚ひき肉：150g
ニラ：4本
卵：2個
ごま油：大さじ1
にんにく(みじん切り)：
2片分

a ┃ 水：1000cc
　┃ 鶏がらスープの素
　┃ (半練り)：大さじ1
　┃ 酒：大さじ1
　┃ 豆板醤、赤唐辛子
　┃ (小口切り)：各小さじ1
塩：小さじ1
中華麺(縮れ麺)：2玉
韓国産唐辛子(粗びき)：
適宜

作り方

① ニラは4cm長さに切る。卵は溶く。

② 鍋を熱してごま油をひき、豚ひき肉をほぐしながら強火で炒める。肉の色がほぼ変わったら、にんにくを加えて炒める。

③ 香りが出てきたらaを加えて一煮する。塩を加えて味をととのえ、ニラを加える。溶き卵を菜箸に伝わらせながら細く流し入れ、弱火で少し加熱して火を止める。

④ 中華麺は袋の表示時間通りに茹で、茹で汁をきって器に盛る。③を注ぎ、韓国産唐辛子を振る。

SHIMPEI'S POINT
豚ひき肉を使うことで、スープに肉の旨味が加わる。

ホームパーティーにオススメの3品

SPRING 560　2019.03.03 OA

子どもがうれしい♡パーティー プチバーガー 涼子さんレシピ
みんな喜ぶ♪大人パエリア 涼子さんレシピ
ハーブソーセージ

TAICHI'S COMMENT
プチバーガーはバンズの甘みと肉の香りが広がり、子どもに大人気間違いナシですね。パエリアは絶妙な塩加減でかなり本格的！ソーセージはジューシーで絶品！

GUEST 広末涼子

photo by TAICHI

洋　肉　子どもがうれしい♡ パーティー プチバーガー
涼子さんレシピ ★ RYOKO'S RECIPE

材料（3〜4人分）

a ┃ 卵：1個
　┃ 牛乳：150cc
　┃ ホットケーキミックス：200g

合いびき肉：300g
ナツメグ：小さじ½
リーフレタス：適宜
スライスチーズ：適宜
ケチャップ：適宜

サラダ油、白炒りごま：各適宜

RYOKO'S POINT
先にたこ焼き器の穴の数の半分に白炒りごまを入れてから生地を流し入れて焼くことで、本物のバンズのような見た目に仕上がる。

作り方

① ボウルにaの材料を入れ、泡立て器でよく混ぜ合わせる。

② たこ焼き器を熱してサラダ油をひき、穴の数の半分に白炒りごまを入れる。全ての穴に、①の生地を8分目量流し入れる。周りがかたまったら白炒りごまを入れた生地の上に、何も入れていない生地を重ねて球体にし、転がしながらきつね色になるまで焼く。

③ 合いびき肉とナツメグをよく混ぜ合わせ、②に合わせて小さい一口大のハンバーグ形にまとめる。フライパンを熱してサラダ油をひき、タネを並べて蓋をし、中火で両面がこんがりとするまで焼く。

④ ②を横半分に切り、食べやすい大きさに切ったリーフレタス、スライスチーズ、③を重ね、ケチャップをかけて挟む。上からピックを刺して固定する。

洋飯 みんな喜ぶ♪大人パエリア

材料（3～4人分） 涼子さんレシピ RYOKO'S RECIPE

インディカ米：2合	白ワイン：大さじ1
ムール貝：8個	オリーブ油：大さじ2½
アサリ（砂抜き済み）：200g	水：350cc
有頭エビ：大8尾	チキンブイヨン：5～6g
イカ：1杯	サフラン：2つまみ
玉ねぎ：小½個	塩、粗びき黒こしょう：
赤パプリカ：¼個	各適宜
トマト：½個	レモン（輪切り）、
ズッキーニ：⅓本	イタリアンパセリ
にんにく（みじん切り）：	（みじん切り）：各適宜
1片分	

作り方

① ムール貝はたわし等で殻をよく洗い、外にはみ出している糸（足糸）を引き抜く。アサリは殻をこすり合わせながら洗って水気をきる。エビは洗って背ワタを取り除く。イカは胴と足に分けて引き抜く。胴は内臓と軟骨を取り除き、キッチンペーパーで水気を拭きながら皮をむき、輪切りにする。足は内臓を切り落として食べやすい大きさに切る。

② 玉ねぎはみじん切りにし、赤パプリカ、トマト、ズッキーニは1cm角に切る。

③ パエリア鍋を熱してオリーブ油大さじ½をひき、②、にんにくを入れて炒める。しんなりしたら取り出す。

④ 再びパエリア鍋にオリーブ油大さじ1をひき、①を加えてサッと炒める。エビの色が変わったら白ワインを加えてアルコール分を飛ばし、汁ごと取り出す。

⑤ パエリア鍋を熱してオリーブ油大さじ1をひき、インディカ米を加えて炒める。油が回ったら水、チキンブイヨン、サフランの順に加え、塩、粗びき黒こしょうを振って混ぜる。

⑥ ⑤の上に③、④を汁ごと加えて美しく並べる。蓋をし、弱めの中火で12～15分炊く。火を止めてそのまま5～10分蒸らす。

⑦ レモンを添え、イタリアンパセリを振る。

洋肉 ハーブソーセージ

材料（3～4人分）

豚ひき肉：300g	**【チーズソース】**
玉ねぎ：¼個（50g）	ピザ用チーズ：100g
パセリ：2～3枝（10g）	片栗粉：大さじ½
ディル：6～7枝（6g）	牛乳：100cc
バジル：1パック（10g）	パセリ（みじん切り）：適宜
にんにく（みじん切り）：	
小1片分	**【ケチャップソース】**
薄力粉：大さじ1	ケチャップ：大さじ2
塩：小さじ½	はちみつ：小さじ1
黒こしょう：適宜	タバスコ：少々
春巻きの皮：小5～6枚	
サラダ油：大さじ2	
リーフレタス：適宜	
a［薄力粉、水：各大さじ1	

作り方

① 玉ねぎ、パセリ、ディル、バジルはそれぞれみじん切りにする。

② ボウルに豚ひき肉、①、にんにく、薄力粉、塩、黒こしょうを入れてよく混ぜ合わせる。

③ 春巻きの皮は半分に切る。②を10～12等分に分け、春巻きの皮の幅に合わせてソーセージ状に細長くまとめる。

④ 春巻きの皮を広げ、手前に③をのせてクルクルと巻く。皮の巻き終わりによく混ぜ合わせたaをつけてピッチリと閉じる。全部で10～12本作る。

⑤ チーズソースを作る。ボウルにピザ用チーズと片栗粉を加えて混ぜる。小さめのフライパンか鍋に牛乳を入れて中火にかける。フツフツしてきたらチーズを加えて混ぜながら溶かす。パセリを振る。ケチャップソースを作る。ケチャップソースの材料をよく混ぜ合わせて、小皿に盛る。

⑥ フライパンを熱してサラダ油をひき、④を並べて中火で揚げ焼きにする。たまに転がしながら全体がきつね色になるまでカリッと焼く。

⑦ 器にリーフレタスを敷き、⑥を盛って⑤を添える。

SPRING 561　　　2019.03.10 OA

ホワイトデー和食
牛肉のテールスープ風／揚げ出し豆腐
塩牛タン焼き／きゅうりの白みそ和え／ナスの南蛮みそ

TAICHI'S COMMENT
深みのあるスープに
さっぱりと味わえる揚げ出し豆腐、
付合せにも一手間加えた
塩牛タン焼きの定食。
どこか男らしい味わいの和食に
なっていますね！

photo by TAICHI

和汁　牛肉のテールスープ風

材料（2人分）
牛切り落とし肉：50g
長ねぎ：10cm
a ┌ 水：600cc
　├ 鶏がらスープの素
　└（半練り）：小さじ1
酒：大さじ1
薄口しょうゆ：小さじ1
塩：小さじ½
黒こしょう：適宜

作り方
① 牛肉は細かく刻む。長ねぎはみじん切りにする。

② 鍋にaを煮立て、酒、薄口しょうゆ、塩を加え、さらに牛肉を加えて一煮する。黒こしょうを振る。

③ 器に盛り、長ねぎを散らす。

SHIMPEI'S POINT　牛肉をあえて炒めずに煮ることで、テールスープのようなコクのある風味に仕上がる。

和 豆 揚げ出し豆腐

材料(2人分)

豆腐(木綿):1丁
片栗粉:適宜
ごま油:適宜

a ┃ 麺つゆ(3倍濃縮):50cc
　┃ 砂糖:小さじ1
　┃ 水:150cc

大根おろし、七味唐辛子:各適宜

SHIMPEI'S POINT — 豆腐の水きりをしっかりとすることで、型崩れを防ぐことができる。

作り方

① 豆腐はキッチンペーパーで包み、ボウルで受けたザルにのせる。豆腐の上に重しをのせて30分以上水きりをする。4等分に切って片栗粉を薄くまぶす。

② フライパンを熱してごま油をひき、①を並べて中火でじっくりと揚げ焼きにする。全面がきつね色になるまでカリッと焼く。油が足りなくなってきたら適宜足す。

③ 小鍋にaを入れて一煮し、②を加えてからめる。

④ 器に盛って大根おろしをのせ、七味唐辛子を振る。

和 肉 塩牛タン焼き

材料(2人分)

牛タン:150g
塩:小さじ½
黒こしょう:たっぷり
サラダ油:適宜

作り方

① 牛タンに塩、黒こしょうを振る。

② フライパンを熱してサラダ油をひき、牛タンを並べて強火で両面を焼く。

和 菜 きゅうりの白みそ和え

材料(2〜3人分)

もぎりきゅうり:小6本(250g)
塩:小さじ½
白すりごま:適宜

a ┃ 白みそ:大さじ3
　┃ みりん、すし酢:各大さじ½
　┃ 和辛子:小さじ½

作り方

① もぎりきゅうりはヘタを切り落とし、表裏に斜めに細かく切り込みを入れる。ボウルに入れて塩を振り、よくもみ込む。30分置いて、出てきた水分を拭きとる。

② 別のボウルにaを混ぜ合わせ、①を加えて和える。器に盛って白すりごまを振る。

★もぎりきゅうりとは？
成長過程で収穫された小さいきゅうり。味が染み込みやすく、ピクルスや浅漬けなどに使われることが多い。

和 菜 ナスの南蛮みそ

材料(2人分)

ナス:2本
青唐辛子:50g
ごま油:小さじ1

a ┃ みそ:大さじ4
　┃ 砂糖、酒、みりん:各大さじ1

作り方

① ナスはガクを取ってラップで包み、600Wの電子レンジで3分加熱する。冷めたら皮をむいて細かく刻む。青唐辛子はヘタを切り落として粗みじん切りにする。

② フライパンを熱してごま油をひき、ナスを強めの中火で炒める。油が回ったらaを加えて炒め合わせる。なじんできたら青唐辛子を加えて、水分が無くなるまで炒める。

SPRING 562　　　　　　　　　2019.03.17 OA

春のおつまみ3種
ホンビノス貝のレモンウイスキー蒸し
ウドとフキノトウの春サラダ／カリフラワーのクリームコロッケ

TAICHI'S COMMENT
レモンウイスキー蒸しはホンビノス貝のだしの旨味が引き立っています。春サラダはさっぱりの中にほろ苦さもあって大人な味。コロッケはカリフラワーの香りが広がり絶品です！

photo by TAICHI

洋肴　ホンビノス貝のレモンウイスキー蒸し　🍺ハイボールによく合う！

材料（2〜3人分）
- ホンビノス貝（砂抜き済み）：14個（1000g）
- にんにく：1片
- レモン：½個
- ディル：2枝
- a
  - 水：100cc
  - ウイスキー：大さじ2
  - オリーブ油：大さじ1

SHIMPEI'S POINT
ウイスキーを使って蒸すことで、コクが強調された深みのある味に仕上がる。

作り方
① にんにくは皮つきのまま縦半分に切る。レモンは輪切りにする。ディルは刻む。

② aを混ぜる。

③ フライパンを熱してオリーブ油をひき、にんにくを中火で炒める。香りが出てきたらホンビノス貝を加えて強火で炒める。油が回ったら②、レモンを加えて蓋をし、中火で蒸す。沸いてきたらディルを加える。貝の口が開いたら、汁ごと器に盛る。

★ホンビノス貝とは？
漢字では本美之主貝と表記される。アメリカではクラムチャウダーの具に用いられるなど人気が高い。

洋肴 ウドとフキノトウの春サラダ

🍷 白ワインによく合う！

材料（2〜3人分）

- ウド：大1本（450g）
- フキノトウ：3個（50g）
- オリーブ油：適宜
- a ┃ レモン汁、オリーブ油：各大さじ1
      砂糖：大さじ½
      塩：小さじ⅓
      黒こしょう：適宜
- 黒こしょう：適宜

作り方

① フキノトウは粗みじん切りにする。ウドは外側の皮をむき、根元のかたい部分を切り落とす。5cm長さに切ってから皮をむき、縦薄切りにして水に5〜6分さらす。

② フライパンを熱してオリーブ油大さじ1をひき、フキノトウを加えて中火で炒める。しんなりしたら取り出して冷ます。

③ 水気をきったウド、②をボウルに入れ、aを加えて和える。器に盛ってオリーブ油少々を回しかけ、黒こしょうを振る。

SHIMPEI'S POINT　香りの良いフキノトウとウドを一緒に使うことで、相乗効果で仕上がりの香りに一層深みが増す。

洋肴 カリフラワーのクリームコロッケ

🍺 ビールによく合う！　🍷 白ワインによく合う！

材料（10個分）

【カリフラワークリーム】
- カリフラワー：小1個（300g）
- バター：10g
- ローリエ：1枚
- 生クリーム：200cc
- 塩：小さじ⅓
- 黒こしょう：適宜
- a ┃ 片栗粉、水：各小さじ1

【肉ダネ】
- 豚ひき肉：300g
- 玉ねぎ：½個（60g）
- 卵：1個
- 薄力粉、コリアンダー（粉末）：各大さじ½
- 塩：小さじ½
- 黒こしょう：適宜

【バッター液】
- 卵：2個
- 薄力粉：大さじ7
- 水：大さじ2½

- パン粉（細かめ）、揚げ油：各適宜
- ルッコラ：適宜
- 中濃ソース：適宜

作り方

① カリフラワークリームを作る。カリフラワーは細かく刻む。フライパンを熱してバターを溶かし、カリフラワー、ローリエを中火で炒める。油が回ったら生クリームを加えて中火で5分煮詰める。塩、黒こしょうを加えて混ぜ合わせ、aの水溶き片栗粉を加えてとろみをつける。バット等に移して、粗熱が取れたら冷蔵庫でしっかり冷やす。

② 肉ダネを作る。玉ねぎはみじん切りにし、ボウルに全ての材料を加えてよく混ぜ合わせ、10等分にする。

③ 肉ダネの1個分を手のひらで薄く伸ばし、真ん中にカリフラワークリームをのせて、肉ダネで包むようにしながら俵形にまとめる。同様に9個作る。残ったカリフラワークリームも俵形にまとめる。

④ バッター液の全ての材料をよく混ぜ合わせる。

⑤ ③に④をからめ、パン粉をしっかりまぶす。

⑥ 揚げ油を160℃に熱し、⑤を強めの中火で揚げる。全体がきつね色になったら油をきって取り出す。

⑦ 器にルッコラ、⑥を盛って中濃ソースをかける。

SHIMPEI'S POINT　肉ダネありとなしの2種類作ることで、肉の旨味とクリーミーな味の両方を楽しめる。

SPRING 563

2019.03.24 OA

サバ缶とイワシ缶を使ったアレンジ3品
サバ缶のポテトサラダ／イワシ缶のラザニア
サバ缶のピラフ

TAICHI'S COMMENT
どれを食べても元が缶詰とは思えないほど美味しい！3品とも肉を使うよりもあっさりとした味わいに仕上がっています。

洋菜 サバ缶のポテトサラダ

材料（2人分）

じゃがいも：2〜3個（400g）
キャベツ：1/8個（150g）*1
玉ねぎ：1/4個（50g）
サバ缶（水煮）：1缶（200g）

a ┃ マヨネーズ：大さじ5
　┃ レモン汁：大さじ1/2
　┃ レモンの皮（削る）：適宜

塩、黒こしょう：各適宜

SHIMPEI'S POINT

*1 キャベツを加えることで、食感の良いポテトサラダに仕上がる。

*2 生臭さを抑えるために、サバ缶の汁は使わない。

作り方

① じゃがいもは皮をむき、4等分に切る。鍋にじゃがいもがかぶるくらいの水を入れ、強めの中火で15〜18分茹でる。竹串がスッと通ったら茹で汁を捨て、再び火にかけて水分を飛ばす。マッシャーで潰し、バットに移して冷ます。

② キャベツは1cm角に切って、塩小さじ1を振ってもむ。玉ねぎは縦薄切りにして水にさらす。

③ じゃがいもをボウルに入れ、よく水気を絞った②、缶汁をきったサバ*2、aを加えて和える。味をみて塩でととのえ、器に盛って黒こしょうを振る。

伊 麺 イワシ缶のラザニア

材料（2人分）

【トマトソース】
ホールトマト缶：½缶（200g）
イワシ缶（水煮）：1缶（200g）
にんにく（みじん切り）：1片分
バジル：3〜4枚
塩：小さじ½
黒こしょう：適宜

【ホワイトソース】
玉ねぎ（みじん切り）：½個分（100g）
バター：10g
薄力粉：大さじ1½
生クリーム：100cc
ローリエ：1枚
塩：小さじ⅓
黒こしょう：適宜

ラザニア：3枚（60g）
塩、オリーブ油：各適宜
ピザ用チーズ、
パン粉（細かめ）：各適宜

SHIMPEI'S POINT
濃厚なホワイトソースと、あっさりとしたトマトソースを合わせることで、バランス良く仕上がる。

作り方

① トマトソースを作る。フライパンににんにく、イワシ缶を缶汁ごと加えて中火にかける。フツフツしてきたらホールトマト、バジルをちぎりながら加えて2〜3分煮詰める。塩、黒こしょうで味をととのえる。

② ホワイトソースを作る。別のフライパンを熱してバターを溶かし、玉ねぎを中火で炒める。玉ねぎが透き通ってきたら薄力粉を加えて炒め、粉っぽさが無くなったら生クリームを加えて溶き混ぜる。ローリエを加えて中火でとろみがつくまで混ぜながら煮詰める。塩、黒こしょうで味をととのえる。

③ ラザニアは塩、オリーブ油を加えた熱湯で袋の表示時間より少し長めに茹で、茹で汁をきる。

④ 耐熱皿に¼量の①と②、ピザ用チーズ、③1枚の順に3回重ねる。仕上げに残りの①、②、チーズ、パン粉をかけ、オーブントースターで少し焼き目がつくまで7〜8分焼く。

洋 飯 サバ缶のピラフ

材料（2〜3人分）

米：2合
サバ缶（水煮）：1缶（200g）
玉ねぎ：40g
にんじん：40g
マッシュルーム：3個（70g）
a ┌ 白ワイン：大さじ1
　├ 塩：小さじ½
　└ 水：適宜

にんにく（みじん切り）：1片分
オリーブ油：大さじ1
ローリエ：1枚
レモン（くし形切り）、黒こしょう：各適宜

作り方

① 米は洗ってザルに上げて水気をきる。

② 玉ねぎ、にんじんはみじん切りにする。マッシュルームは縦薄切りにする。

③ サバ缶は缶汁と身に分ける。缶汁とaを合わせて350ccにする。

④ フライパンを熱してオリーブ油をひき、にんにくを炒める。香りが出てきたら①を加えてザッと炒め、油が回ったら玉ねぎ、にんじんを加えて中火で炒める。

⑤ 野菜が少ししんなりしたら炊飯器に入れる。ローリエ、③を加えて普通に炊く。炊き上がったらマッシュルームを加えて再び蓋をし、蒸らしながら火を通す。

⑥ 器に盛って黒こしょうを振り、レモンを添える。

SPRING 564

2019.03.31 OA

春の和定食
たこ飯／新じゃがのしょうゆバターがらめ
菜の花と油揚げのみそ汁／鶏肉の梅肉みぞれ煮

TAICHI'S COMMENT
たこ飯はタコと香ばしいおこげが好相性。
新じゃがはみずみずしく食べやすい！
みそ汁やみぞれ煮は春の香りが
感じられます。

photo by TAICHI

和 飯　たこ飯

材料（2〜3人分）

- 米：2合
- 茹でタコ：160g
- かつおだし：適宜
- 青じそ：適宜

a
- 薄口しょうゆ、酒：各大さじ1
- みりん：大さじ½
- 塩：小さじ⅓

作り方

① 米は洗ってザルに上げる。茹でタコは1cm角に切る。

② aとかつおだしを合わせて360ccにする。

③ 炊飯器に米を入れて、②を加えて混ぜ合わせる。タコをのせて普通に炊く。炊き上がったらサックリと混ぜる。器に盛り、みじん切りにした青じそをのせる。

和菜 新じゃがのしょうゆバターがらめ

材料（2〜3人分）

新じゃが：600g
バター：10g
a ┃ 水：600cc
　 ┃ 砂糖：大さじ1
　 ┃ 塩：小さじ2

b ┃ しょうゆ：大さじ2
　 ┃ みりん：大さじ1

作り方

① 新じゃがは芽を取り除いて皮をむく。新じゃがとaを鍋に入れ、強火で約10分茹でる。竹串がスッと通ったら、茹で汁を捨てて再び強火にかけ、水分を飛ばし、粉ふきいもになったら火を止める。

② バターを加えてからめ、よく混ぜ合わせたbを加えて和える。

SHIMPEI'S POINT　砂糖と塩を加えて茹でることで、新じゃがの中までしっかりと味が入る。

和汁 菜の花と油揚げのみそ汁

材料（2人分）

菜の花：½束（100g）
塩：適宜
油揚げ：1枚
かつおだし：500cc
みそ：大さじ1½

作り方

① 菜の花は根元を1cm程切り落として3等分にし、塩を加えた熱湯でサッと茹でる。冷水にとって冷まし、水気をしっかり絞る。油揚げは1cm角に切る。

② 鍋にかつおだしを温め、みそを溶き入れる。油揚げ、菜の花を加えて一煮する。

和肉 鶏肉の梅肉みぞれ煮

材料（2〜3人分）

鶏もも肉：600g
大根：300g
a ┃ 梅干し：3個
　 ┃ （種を取り除いて30g）
　 ┃ 酒：大さじ1
　 ┃ しょうゆ：大さじ½

b ┃ かつおだし：200cc
　 ┃ しょうゆ：大さじ1½
　 ┃ みりん：大さじ1
　 ┃ 酒：大さじ½
　 ┃ 砂糖：小さじ1
ごま油：大さじ1
塩：適宜
菜の花：½束（100g）

作り方

① 大根は皮をむき、すりおろす。鶏もも肉は大きめの一口大に切ってボウルに入れる。aの梅干しは包丁で細かくたたいてボウルに入れる。その他のaの材料も加えてよくもみ込む。

② bを混ぜ合わせる。

③ 鍋を熱してごま油をひき、鶏肉を皮を下にして入れ、蓋をして中火でじっくり焼く。焼き目がついたら②を加えて蓋をし、たまに混ぜながら5分煮る。さらに水気を絞った大根おろしを加えて一煮する。

④ 菜の花は塩を加えた熱湯でサッと茹で、冷水にとって冷ます。水気をしっかり絞り、③に加えて一煮する。

SHIMPEI'S POINT　鶏肉に焼き目をつけてから合わせ調味料を加えて煮ることで、焼き目の香ばしさがだし汁に加わり、美味しく仕上がる。

SPRING 565　　　2019.04.07 OA

新生活応援SP **春の定番祭り第1弾 "丼"**

牛丼／鶏そぼろ丼／親子丼

TAICHI'S COMMENT
麺つゆを使って簡単にできる丼ですが、どれも絶品！一つ一つの工程を丁寧に仕上げることが美味しさの秘訣です。

photo by TAICHI

和 飯　牛丼

材料（1人分）

- 牛肩ロース肉（しゃぶしゃぶ用）：150g
- 玉ねぎ：½〜1個（150g）
- 温かいごはん：1人分
- 紅しょうが、七味唐辛子：各適宜

a ｜ 水：200cc
　　麺つゆ（3倍濃縮）：50cc
　　みりん：大さじ1
　　砂糖：大さじ½

作り方

① 玉ねぎは縦半分に切ってから縦5mm厚さに切る。

② 鍋にaを合わせて火にかけ、牛肉を加える。沸いてきたら中火でアクを取りながら5分煮る。さらに玉ねぎを加えて、たまに混ぜながら10分煮る。

③ 器にごはんを盛って②を汁ごとかけ、紅しょうがを添える。好みで七味唐辛子を振る。

SHIMPEI'S POINT
玉ねぎを時間差で加えることで、具材の火の通りを均一にすることができる。

和 飯 鶏そぼろ丼

材料（2人分）

【鶏そぼろ】
鶏ももひき肉：250g
a ┃ 麺つゆ（3倍濃縮）：大さじ2
　 ┃ 酒、水：各大さじ1
　 ┃ 砂糖：小さじ1

【卵そぼろ】
卵：2個
砂糖：大さじ1½
みりん：小さじ1

絹さや：4〜5本
温かいごはん：2人分
塩：少々

SHIMPEI'S POINT
鶏ひき肉を炒めすぎると脂の臭みが出るので、注意する。

作り方

① 鶏そぼろを作る。フライパンを熱して油をひかずに鶏ももひき肉を入れ、ほぐしながら強火で炒める。肉の色が変わってきたら、混ぜ合わせたaを加えて炒め合わせる。

② 卵そぼろを作る。ボウルに卵を溶き、砂糖、みりんを加えてよく混ぜ、フライパンに入れる（フッ素樹脂加工でないフライパンを使う場合はサラダ油適宜をひく）。菜箸でぐるぐると混ぜながら、そぼろ状になるまで加熱する。

③ 絹さやはヘタと筋を取り、塩を加えた熱湯でサッと茹でる。色が変わったら流水で洗って粗熱を取り、水気をきる。斜め千切りにする。

④ 器にごはんを盛って①、②をのせ、③を添える。

和 飯 親子丼

材料（1人分）

鶏もも肉：100g
玉ねぎ：小½個（100g）
卵：1個
温かいごはん：1人分
三つ葉：適宜

a ┃ 麺つゆ（3倍濃縮）：大さじ1½
　 ┃ 水：大さじ3
　 ┃ みりん：大さじ½
b ┃ 水、片栗粉：各小さじ½

SHIMPEI'S POINT
*1 鶏肉は蓋をして火を通すことで、旨味と水分を飛ばさずに仕上げることができる。

*2 水溶き片栗粉で煮汁にとろみをつけてから卵を加えることで、ふんわりとした食感に仕上がる。

作り方

① 鶏もも肉は一口大の厚めのそぎ切りにする。玉ねぎは縦5mm厚さに切る。卵は溶く。

② 小さめのフライパンにa、鶏肉を入れて蓋をし、強めの中火で3分煮る。*1 玉ねぎを鶏肉の上にのせるように加えて中火で煮る。玉ねぎがしんなりしたらbの水溶き片栗粉を加えて素早く混ぜ、とろみをつける。*2

③ 溶き卵を回し入れ、*2 蓋をして弱火で30秒加熱する。

④ 器にごはんを盛って③をのせ、刻んだ三つ葉をのせる。

心平's 料理のすすめ

その1　麺つゆはだし、しょうゆ、みりんなどの調味料がバランス良く配合されているので煮物作りにオススメ。
その2　米を研ぐ時は指をくしのように固定し、かき混ぜるようにして少量の水で研ぐ。
その3　料理をする時は始める前に完成のイメージを決めてから作ることが大事。
その4　味見をして料理の過程を把握することで、味の完成形を具体的にイメージすることができる。

SPRING 567

2019.04.21 OA

新生活応援SP 春の定番祭り第2弾 "パスタ"
豚と小松菜の和風しょうゆパスタ／カルボナーラ／ミートソース

TAICHI'S COMMENT
和風パスタはバターの香りと
しょうゆの香ばしさが引き立ちます。
カルボナーラは塩加減が絶妙！
ミートソースは素朴ながら
本格的な味ですね。

photo by TAICHI

和 麺　豚と小松菜の和風しょうゆパスタ

材料（1人分）

スパゲッティーニ：100g
豚肩ロース薄切り肉：100g
小松菜：50g
にんにく：½片
サラダ油：小さじ1
バター：10g
しょうゆ：大さじ½
オリーブ油、塩、
黒こしょう：各適宜

作り方

① 小松菜は根元を切り落として4cm長さに切る。豚肉は一口大に切り、塩1つまみ、黒こしょうを振る。にんにくは横薄切りにする。

② スパゲッティーニは塩、オリーブ油各適宜を加えた熱湯で、袋の表示時間通りに茹でる。

③ フライパンを熱してサラダ油をひき、にんにく、豚肉を加えて強火で炒める。肉の色が変わったら小松菜を加えて中火で炒める。

④ 茹で上がった②、バターを加えて炒め合わせる。しょうゆで味をととのえる。器に盛って黒こしょうを振る。

伊麺 カルボナーラ

材料（1人分）

- リングイネ：100g
- ベーコン：50g
- にんにく：½片
- 白ワイン：大さじ1
- 塩、オリーブ油、黒こしょう：各適宜

a
- パルミジャーノ[*1]（すりおろし）：20g
- 卵黄：2個分
- 生クリーム：75cc
- 塩：小さじ¼
- 黒こしょう：たっぷり

作り方

① ベーコンは細切りにし、にんにくはみじん切りにする。

② リングイネは塩、オリーブ油各適宜を加えた熱湯で、袋の表示時間より1分半短めに茹でる。

③ ボウルにaを混ぜ合わせる。

④ フライパンを熱してオリーブ油小さじ1をひき、ベーコン、にんにくの順に中火で炒め、香りが出てきたら白ワイン、塩小さじ⅛を加えてザッと炒め合わせる。

⑤ 茹で上がったリングイネを④に加え、炒め合わせる。③に加えてザッとからめる。[*2]

⑥ 器に盛って黒こしょうを振る。

SHIMPEI'S POINT

[*1] パルミジャーノの代わりに粉チーズを使用することも可能だが、塩分が強いので使う量に注意が必要。

[*2] パスタをソースの入ったボウルに入れてからめることで、ダマになるのを防ぐ。

洋麺 ミートソース

材料（1人分）

【ミートソース（2人分）】
- 合いびき肉：250g
- にんじん：⅓本（60g）
- 玉ねぎ：¼個（60g）
- マッシュルーム：2〜3個（50g）
- にんにく：1片
- オリーブ油：大さじ½
- 赤ワイン：大さじ1
- トマト缶（ダイスカット）：1缶（400g）
- 塩：小さじ2
- 黒こしょう：適宜

- スパゲッティーニ：100g
- 塩、オリーブ油：各適宜
- 粉チーズ：適宜

作り方

① ミートソースを作る。にんじん、玉ねぎ、にんにくはみじん切りにする。マッシュルームは縦薄切りにする。

② フライパンを熱してオリーブ油をひき、にんにくを中火で炒める。香りが出てきたら合いびき肉を加えてほぐしながら強火で炒める。肉の色が変わったらにんじん、玉ねぎを加えて炒める。

③ 少ししんなりしたら赤ワインを加えてザッと炒め、トマト缶を加えて強めの中火で煮詰める。水分が少なくなってきたらマッシュルームを加えて一煮し、塩、黒こしょうを加えて味をととのえる。

④ スパゲッティーニは塩、オリーブ油各適宜を加えた熱湯で、袋の表示時間通りに茹でる。

⑤ 茹で上がった④を器に盛り、③を半量かけ、粉チーズを振る。

SHIMPEI'S POINT

ひき肉と野菜をトマト缶と一緒にじっくりと煮詰めることで、本格的な味に仕上がる。

心平's 料理のすすめ

その1　家でストックしておくべきオススメパスタは「スパゲッティーニ」「フェデリーニ」「リングイネ」。
　　　スパゲッティーニ：直径約1.6mm〜1.9mm。オイル系からクリーム系まで、様々なソースに合う。
　　　フェデリーニ：直径約1.4mm〜1.5mm。さっぱりとしたオイル系やトマト系のパスタとよく合う。
　　　リングイネ：やや平打ちで断面が楕円状になっているのが特徴。味のしっかりしたソースと好相性。

その2　カルボナーラはソースと合わせている最中も火が通るので、袋の表示時間より短めに茹でた方が良い。

その3　パスタを茹でる熱湯にオリーブ油を加えることで、パスタ同士がくっつくのを防ぐ。

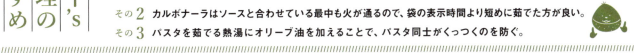

SPRING 568

2019.04.28 OA

新生活応援SP 春の定番祭り第3弾 "魚料理"
サバのみそ煮／メカジキの照り焼き／アジフライ

TAICHI'S COMMENT
サバの風味を消さないみそ煮は絶品！
照り焼きは淡白なメカジキと
こってりとしたたれが相性抜群ですね。
アジフライは間違いない
美味しさです！

photo by TAICHI

和 魚 サバのみそ煮

材料（1人分）
- サバ：半身
- インゲン：5本
- しょうが：1片（10g）

a
- 水：100cc
- 酒：大さじ2
- みそ：大さじ1½
- みりん、砂糖：各大さじ1
- しょうゆ：大さじ½

作り方

① サバは水気を拭いて半分に切り、皮目に十字に切り込みを入れる。インゲンはヘタを切り落として半分に切る。しょうがは薄切りにする。

② フライパンにaを入れてよく混ぜ合わせ、煮立てる。しょうがを加え、さらにサバを身を下にして加えて落とし蓋をし、弱めの中火で10分煮る。インゲンを加えてさらに5分煮る。

SHIMPEI'S POINT
サバの皮目に切り込みを入れることで、身に味が染み込みやすくなる。

和 魚 メカジキの照り焼き

材料(1人分)

- メカジキ：1切れ（200〜230g）
- 塩：1つまみ
- 長ねぎ：1/3本（50g）
- サラダ油：小さじ1
- a
  - しょうゆ：小さじ2
  - みりん：大さじ1/2
  - 砂糖：小さじ1

作り方

① メカジキは塩を振って10分置き、出てきた水分を拭く。長ねぎは斜め4等分に切る。aを混ぜ合わせる。

② フライパンを熱してサラダ油をひき、長ねぎを強火で焼く。焼き目がついたら取り出す。メカジキを入れて蓋をし、強めの中火で両面を焼く。

③ メカジキに火が通ったら長ねぎを戻し入れ、aを加えてからめる。

SHIMPEI'S POINT　メカジキに塩を振って水分を出すことで、臭いが抑えられて味が染み込みやすくなる。

和 魚 アジフライ

材料(1人分)

- アジ：1〜2尾
- 塩：小さじ1/5
- 黒こしょう：適宜
- a
  - 卵：1個
  - 薄力粉：大さじ2
- パン粉、揚げ油：各適宜
- キャベツ（千切り）、トマト（くし形切り）、中濃ソース、タルタルソース：各適宜

作り方

① アジは背開きにする（魚屋さん、スーパーでさばいてもらっても可）。ぜいごをそぎ取り、胸びれから包丁を入れて頭を切り落とす。頭の方から腹の部分を少し切り落とす。内臓を取り出し、洗って水気を拭く。背びれ、腹びれをキッチンばさみで切り取る。背の方から包丁を中骨に沿って入れる。もう片側も同様に包丁を入れて中骨を取る。腹骨を包丁でそぎ切り、小骨を骨取りで抜く。

② ①に塩、黒こしょうを振る。aを混ぜ合わせる。

③ アジにaをからめ、パン粉をまぶす。

④ フライパンに揚げ油を160〜180℃に熱し、③を入れて中火で揚げる。衣がかたまってきたら、たまに返しながらきつね色になるまで揚げる。

⑤ 器にキャベツ、④を盛ってトマトを添える。好みで中濃ソースやタルタルソースをかけて食べる。

SHIMPEI'S POINT　卵と薄力粉を混ぜ合わせたバッター液を使うことで、衣がしっかりとつき、旨味を逃さず仕上げることができる。

心平's 料理のすすめ

★サバのみそ煮の作り方の応用
煮物を少ない煮汁で作る時は小さい鍋を使い、煮汁が蒸発しすぎるのを防ぐ。さらに落とし蓋をして全体に煮汁を行きわたらせる。

SPRING 569

2019.05.05 OA

新生活応援SP 春の定番祭り第4弾 "炒め物"
豚のしょうが焼き／肉野菜炒め／豚キムチ炒め

TAICHI'S COMMENT
しょうが焼きはにんにくを加えたことで味にまとまりが出ています。肉野菜炒めは食感がしっかりと残っていて美味しい！豚キムチは玉ねぎを入れることがポイントですね。

photo by TAICHI

心平's 料理のすすめ

- その1　たれに肉を漬け込むと仕上がりの味が濃くなりすぎるので、焼く前にサッとからめるくらいが良い。
- その2　フライパンは深さがあるものを選ぶと、様々な用途で使えるのでオススメ。
- その3　炒め物は短時間で完成するので、調味料を先に合わせておくと失敗しづらい。
- その4　肉に下味をつけることで、炒め物全体の味に統一感が出る。

和 肉 豚のしょうが焼き

材料（1人分）
豚肩ロース肉
（しょうが焼き用）：2枚
（150g）
塩：1つまみ
黒こしょう：適宜
ごま油：大さじ½
キャベツ（千切り）、
マヨネーズ：各適宜

a ┃ しょうが：1片
　┃ にんにく：½片
　┃ しょうゆ、酒：
　┃ 各大さじ1
　┃ みりん、ごま油：
　┃ 各大さじ½
　┃ 砂糖：小さじ½

SHIMPEI'S POINT
仕上げにたれを加えてからめることで、事前に肉を漬け込まなくてもしっかりと味が染み込む。

作り方
① 豚肩ロース肉は脂身と肉の間に少し切り込みを入れて筋切りをする。両面に塩、黒こしょうを振る。aのにんにくとしょうがはすりおろし、その他のaの材料と混ぜ合わせる。

② フライパンを熱してごま油をひき、豚肉をaにサッとからめてから入れ、強火で両面を焼く。火が通ったらaを加えてからめる。

③ 器にキャベツと②を盛り、フライパンに残ったたれをかけてマヨネーズを添える。

和 肉 肉野菜炒め

材料（1人分）
豚切り落とし肉：100g
塩：小さじ¼
黒こしょう：適宜
カット野菜：1袋（230g）
にんにく：1片
片栗粉：小さじ½
ごま油：大さじ1

a ┃ 湯：大さじ2
　┃ 鶏がらスープの素
　┃ （半練り）：小さじ⅓
　┃ しょうゆ、酒：各大さじ½
　┃ オイスターソース：
　┃ 小さじ1
　┃ 砂糖：小さじ½
　┃ 塩：小さじ¼

SHIMPEI'S POINT
野菜に半分くらい火が通ったタイミングで合わせ調味料を入れることで、仕上がりが水っぽくなるのを防ぐ。

作り方
① 豚切り落とし肉は一口大に切って塩、黒こしょうを振る。にんにくは横薄切りにする。

② aの湯と鶏がらスープの素を合わせて溶かし、残りのaの材料を加えて混ぜ、その後に片栗粉を加えて混ぜ合わせる。

③ フライパンを熱してごま油をひき、にんにくを弱火で炒める。香りが出てきたら豚肉を加えて強火で炒め、豚肉の色が変わったらカット野菜を加えて炒め合わせる。野菜に半分くらい火が通ったら②を加えて炒め合わせる。

韓 肉 豚キムチ炒め

材料（1人分）
豚切り落とし肉：200g
塩：小さじ⅓
黒こしょう：適宜
玉ねぎ：¼個（50g）
キムチ：150g
ごま油：大さじ½

a ┃ 酒、みりん、しょうゆ：
　┃ 各大さじ½

作り方
① 豚切り落とし肉は塩、黒こしょうを振って下味をつける。玉ねぎは縦5mm厚さに切る。aを混ぜる。

② フライパンを熱してごま油をひき、豚肉を入れて強火で炒める。色が変わったら玉ねぎを加えて炒める。玉ねぎに7割くらい火が通ったらキムチを加えて炒める。

③ キムチが全体になじんだら、aを加えて炒め合わせる。

027

SPRING 570 2019.05.12 OA

マーボーカレー
エリンギのエスニックニラソース

TAICHI'S COMMENT
マーボーカレーは一皿で両方の美味しさを楽しめるぜいたくな味わい。トッピングの具材も重要なアクセントになっています。エリンギはニラのソースが絶品です！

photo by TAICHI

中 飯 マーボーカレー

材料（2人分）

豆腐（絹・水きり済み）：1丁（350g）
豚ひき肉：150g
にんにく、しょうが（各みじん切り）：各1片分
ごま油：大さじ1
a｜水：500cc
　｜しょうゆ：大さじ3
　｜オイスターソース、
　｜片栗粉：各大さじ1½
　｜紹興酒：大さじ1
　｜豆板醤：大さじ½
　｜砂糖：小さじ2
　｜鶏がらスープの素
　｜（半練り）：小さじ1
カレー粉：大さじ2½
温かいごはん：2人分

【トッピング】
豚肩ロース肉（焼き肉用）：150g
b｜ごま油：小さじ1
　｜カレー粉：小さじ½
　｜塩：1つまみ
もやし：1袋（200g）
塩：1つまみ
豆板醤：小さじ½
ごま油：小さじ3
ニラ（みじん切り）、花椒：各適宜

作り方

① 豆腐は2～3cm角に切る。aを混ぜ合わせる。花椒はする。

② 鍋を熱してごま油をひき、にんにく、しょうがを中火で炒める。香りが出てきたら豚ひき肉を加え、ほぐしながら強火で炒める。再度よく混ぜたaを加えて混ぜながら加熱する。とろみがついてきたらカレー粉を加えて混ぜ、豆腐を加えて一煮する。

③ トッピングを作る。豚肉はbで下味をつける。フライパンを熱してごま油小さじ1をひき、豚肉を入れて強火で両面を焼いて取り出す。

④ フライパンをサッと拭いて再び熱し、ごま油小さじ2をひいてもやしを炒める。油が回ったら塩、豆板醤を加えて炒め合わせる。少ししんなりしたら取り出す。

⑤ 器にごはんを盛って②をかけ、③、④をのせ、ニラと花椒を散らす。

SHIMPEI'S POINT
マーボー豆腐を濃いめの味つけにすることで、カレー粉とのなじみが良くなり、味にまとまりが出る。

亜 菜 エリンギのエスニックニラソース

材料（2人分）

エリンギ：2パック（200g）
ごま油：大さじ1
にんにく（みじん切り）：1片分
塩：1つまみ

【ニラソース】
ニラ：50g
a｜ナンプラー、すし酢：各大さじ½
　｜豆板醤：小さじ½

作り方

① ニラソースを作る。ニラはみじん切りにしてボウルに入れ、aを加えて混ぜ合わせる。

② エリンギは大きめにさく。フライパンを熱してごま油をひき、エリンギを入れて強火で焼く。少し火が通ったら、にんにく、塩を加えて、たまに混ぜながら全体に焼き目をつける。

③ 器に②を盛って、①をかける。

SHIMPEI'S POINT
油をしっかりと熱してからエリンギを焼くことで、油が吸収されすぎず、油っぽくならない。

SPRING 571　　　2019.05.19 OA

スイートチリチキンカツバーガー
テリヤキ月見バーガー
青海苔一味フライドポテト／オニオンリングフライ

TAICHI'S COMMENT
チリチキンバーガーは食べ応えのあるチキンとソースの甘みが絶妙な組み合わせ！テリヤキバーガーは濃厚なソースで子どもが大好きな味に仕上がっています。付合せのフライ2種もぜひ作ってほしいです！

photo by TAICHI

洋菜　青海苔一味フライドポテト

材料（2人分）
じゃがいも：大1個（200g）
強力粉、揚げ油：各適宜
a ┃ 青海苔：小さじ2
　 ┃ 塩：小さじ1/4
　 ┃ 一味唐辛子：適宜

作り方
① じゃがいもは皮つきのまま縦半分に切ってから、1cm厚さのくし形に切る。強力粉を全体にまぶす。aを混ぜ合わせる。
② 180℃に熱した揚げ油に①を入れ、強めの中火で揚げる。表面がカリッとしてきたら油をきって取り出す。熱いうちにaをまぶす。

洋菜　オニオンリングフライ

材料（2人分）
玉ねぎ：1/2個（180g）
パン粉（細かめ）、揚げ油、
ケチャップ：各適宜
a ┃ 卵：1個
　 ┃ 薄力粉：大さじ3

作り方
① 玉ねぎは横1cm厚さの輪切りにし、輪を一つずつ外す。
② aをよく混ぜ合わせる。①にaをからめてパン粉をまぶす。
③ 180℃に熱した揚げ油に、②を入れて中火で揚げる。
④ 衣がかたまってきたら、たまに返しながらきつね色になるまで揚げる。器に盛り、ケチャップを添える。

洋 肉 スイートチリチキンカツバーガー

材料（2人分）
鶏むね肉：1枚（240g）
塩：小さじ½
黒こしょう：少々
a ┌ 卵：1個
　├ 薄力粉：大さじ3
　└ 水：小さじ½
パン粉（細かめ）：適宜
揚げ油：適宜
バンズ：2個
バター：適宜
サラダ菜：適宜
トマト（5mm厚さの輪切り）：2枚
スイートチリソース：適宜

【ハーブソース】
ミント：½パック（3g）
青唐辛子：5本（15g）
香菜：2枝（15g）
にんにく（みじん切り）：½片分
ナンプラー、レモン汁：各大さじ½

作り方

① ハーブソースを作る。ミントは葉をつまんでみじん切りにする。青唐辛子はみじん切りにし、香菜は根元を切り落として茎ごとみじん切りにする。ハーブソースの全ての材料を混ぜ合わせる。

② 鶏むね肉は半分に斜めそぎ切りにして、肉たたきか麺棒でたたく。両面に塩、黒こしょうを振る。aをよく混ぜ合わせる。鶏肉にaをからめて、パン粉をしっかりとまぶす。

③ 揚げ油は170℃に熱する。②の鶏肉をバンズの大きさに合わせて成形してから揚げ油に入れ、中火で揚げる。衣がかたまってきたら、たまに返しながらきつね色になるまで揚げる。

④ バンズは上になる方が厚くなるように2つに切って、断面にバターを塗る。断面を下にしてフライパンで軽く焼く。

⑤ バンズ1個にサラダ菜、①、③、スイートチリソース、トマトの順に重ねて挟む。もう1個も同様に作る。

SHIMPEI'S POINT
パン粉は細かいものを使うことで、鶏肉の水分を逃さずジューシーに揚げることができる。

洋 肉 テリヤキ月見バーガー

材料（2人分）
豚ひき肉：200g
玉ねぎ：⅙個（40g）
a ┌ 薄力粉：大さじ1
　├ 塩：小さじ⅓
　├ ナツメグ：小さじ⅕
　└ 黒こしょう：適宜
b ┌ みりん、しょうゆ：各大さじ1½
　├ 砂糖：小さじ2
　└ 片栗粉：小さじ⅓
卵：2個
サラダ油：少々
バンズ：2個
バター：適宜
サニーレタス：適宜
マヨネーズ：適宜

作り方

① 玉ねぎはみじん切りにしてボウルに入れ、豚ひき肉、aを入れて、粘り気が出るまで手でよく混ぜ合わせる。2等分にし、バンズの大きさに合わせて1cm厚さのバンズ形にまとめる。

② フライパンに油をひかずに①を並べ、蓋をして強めの中火で焼く。焼き目がついたら返し、両面をこんがりと焼く。よく混ぜ合わせたbを加えてからめる。

③ 別のフライパンにサラダ油を熱し、卵を割り入れて目玉焼きを作る。

④ バンズは上になる方が厚くなるように2つに切って、断面にバターを塗る。断面を下にしてフライパンで軽く焼く。

⑤ バンズ1個にサニーレタス、②、マヨネーズ、③の順に重ねて挟む。もう1個も同様に作る。

男子ごはん TALK TIME 傑作選 vol.1

俺たちの枝豆作り ～種まきから収穫まで～

#565・#581 より

裏トーク恒例の"俺たちの○○作り"シリーズ！
今回はおつまみにピッタリの枝豆作りにチャレンジしました。

種まき編

栽培品種・おつな姫（種まき時期 3月上旬～6月）

3粒さやで実る確率が高く、収穫量が多い品種。茶豆のような強い風味が特徴で、初めての枝豆栽培にはピッタリの品種です。

①深めの鉢を用意して培養土を入れる。じょうろで水をたっぷりまき、土に水分を含ませる。

太一：枝豆って大好きだな～。心平ちゃんは居酒屋で枝豆って頼む？

心平：頼みます！でも時季外れの枝豆は絶対に頼まないですね。

と、枝豆には深い愛情と強いこだわりがある様子の2人。

②直径2cmの浅めの穴を2カ所掘り、種を3～4粒ずつまく。種に土をかぶせる。定期的に水やりをする。

③発芽したら芽を1～2本だけに間引きし、追肥と水やりを繰り返す。約3カ月半後には収穫可能。

1週間後 ▶ 3週間後 ▶ 1カ月後 ▶ 2カ月半後

収穫～実食編

心平：ちっちゃ！（笑）

太一：でもちゃんと実はなってるね！

①根っこごと引き抜く。さやをハサミや手を使って切り離す。

③茹で上がったらしっかりと水気をきる。器に盛り、熱いうちに塩1つまみを振る。

②熱湯に塩適宜を入れる。枝豆を加えて約3分茹でる。

太一：うまいね～!! 豆の味が濃い！
心平：モチッとしたような、独特の食感があるね！

SUMMER

男子ごはんの夏。

#572 トマトのカッペリーニ風冷やし中華
豆乳煮干し冷やし中華／黒酢冷やし中華

#573 鴨肉の山賊焼き
かまぼこの梅肉海苔わさび和え
茶碗蒸し風だし巻き

#574 スタミナ定食

#575 手ごね寿司／亀山みそ焼きうどん

#576 桜エビと塩昆布の和風チャーハン
枝豆と高菜のジューシー餃子

#577 塩レモン焼きそば
豪快ミートボール
もう我慢できない！(絶品アヒージョ)

#578 鯛とハーブのオーブン蒸し
豚バラ肉のかたまり焼き

#579 浅漬けカポナータ／みょうがの肉巻き
ナスの冷やし麺風 香味だれ

#580 タイ料理2品

#581 夏のおつまみ3種

#582 じゃことニラのカリカリぶっかけ飯
焼き鮭とクリームチーズのっけ飯
鶏ひき肉とザーサイの即席冷やしクッパ

#583 夏の冷やし鍋

#584 夏の梅肉チキンカレー

#586 鯛とディルの冷製そうめん
ニラと桜エビの混ぜそうめん
エビと鶏ひきしんじょうのそうめん揚げ

SUMMER *572*　　　2019.05.26 OA

トマトのカッペリーニ風冷やし中華
豆乳煮干し冷やし中華
黒酢冷やし中華

TAICHI'S COMMENT
カッペリーニ風冷やし中華は
トマトの旨味を存分に味わえます。
豆乳冷やし中華は煮干しの香りと
豆乳が相性抜群！
黒酢冷やし中華はとろみのあるたれが
麺にからんで美味しい！

photo by TAICHI

伊麺　トマトのカッペリーニ風冷やし中華

材料（2人分）

- フルーツトマト：4〜5個（240g）
- a ┃ オリーブ油：大さじ4
  　┃ 塩：小さじ1
- 冷やし中華用麺：2玉
- 長ねぎ：10cm
- 黒こしょう：適宜

作り方

① フルーツトマトは6等分のくし形に切ってボウルに入れ、aを加えて軽く潰しながら混ぜる。冷蔵庫でしっかり冷やす。

② 冷やし中華用麺は袋の表示時間通りに茹で、麺をこすり合わせながら流水でよく洗って水気をしっかり絞る。

③ ①に②を加えて和える。器に盛り、みじん切りにした長ねぎを散らして、黒こしょうを振る。

SHIMPEI'S POINT　味の濃いフルーツトマトを使うことで、たれにトマトの旨味がしっかりと溶け出す。

豆乳煮干し冷やし中華 [中/麺]

材料（2人分）

- 豆乳（無調整）：150cc
- 煮干し：70g
- 水：400cc
- 鶏がらスープの素（半練り）：小さじ½
- a
  - 酒、みりん、しょうゆ：各大さじ1
  - みそ：大さじ½
- b
  - 天ぷら粉：大さじ1½
  - みりん、しょうゆ：各小さじ1
- ごま油：大さじ2
- 冷やし中華用麺：2玉
- 青ねぎ（小口切り）：適宜

作り方

① 煮干しは頭と腹ワタを取り除く。鍋に水を入れて沸騰させ、鶏がらスープの素を入れて溶かし、煮干しを加える。弱めの中火にし、蓋をして3分煮る。

② ①の煮干しを麺棒等で軽く潰しながらさらに2分煮て、こす。煮干しがらはとっておく。再びスープを鍋に移し、aを加えて一煮する。豆乳を加えてさらに一煮する。粗熱を取って冷蔵庫でしっかり冷やす。

③ ②の煮干しがらの汁気をよくきってボウルに入れ、bを加えて混ぜ合わせる。フライパンを熱してごま油大さじ1をひき、半量の煮干しがらを丸く整えながら入れて、強めの中火でじっくり揚げ焼きにする。両面がカリッとするまで焼いたら取り出す。もう半量も同様に揚げ焼きにする。

④ 冷やし中華用麺は袋の表示時間通りに茹で、麺をこすり合わせながら流水でよく洗って水気をしっかり絞る。器に盛って②のスープをかけて、その上に③をのせ、青ねぎを散らす。

SHIMPEI'S POINT
煮干しは潰しながら煮ることで、旨味をスープにしっかりと煮出すことができる。

黒酢冷やし中華 [中/麺]

材料（2人分）

- 黒酢：大さじ3
- 水：400cc
- 鶏がらスープの素（半練り）：小さじ1
- a
  - しょうゆ、酒：各小さじ2
  - 砂糖、オイスターソース：各小さじ1
  - 塩：小さじ½
- b
  - 片栗粉、水：各小さじ2
- ベーコン：90g
- コーン缶（ホール）：小1缶（55g）
- 冷やし中華用麺：2玉
- しょうが（みじん切り）：1片分
- 黒こしょう：適宜

作り方

① 鍋に水、鶏がらスープの素を入れ、火にかけて溶かす。aを加えて一煮する。よく混ぜ合わせたbを加えて混ぜ、とろみがついたら火を止めて、黒酢を加える。粗熱を取って冷蔵庫でしっかりと冷やす。*1

② ベーコンは細かく刻む。コーンは缶汁をきる。

③ 小さめのフライパンにベーコンを入れ、蓋をして強めの中火でカリッとするまで炒める。*2 出てきた脂はとっておく。冷やし中華用麺は袋の表示時間通りに茹で、麺をこすり合わせながら流水でよく洗って、水気をしっかり絞る。器に盛って①をかけ、しょうがを散らし、ベーコンを出てきた脂ごと加える。コーンをのせ、黒こしょうを振る。

SHIMPEI'S POINT

*1 黒酢だれはしっかりと冷やしてから麺と和えることで温度が均一になり、美味しく仕上がる。

*2 ベーコンはカリカリに炒めることで、麺との食感の違いを楽しめる。

summer **573**　　2019.06.02 OA

鴨肉の山賊焼き
かまぼこの梅肉海苔わさび和え
茶碗蒸し風だし巻き　シメのそば

TAICHI'S COMMENT
山賊焼きは、たれにかえしを使うことで味に深みが出ています。かまぼこは3つの味の組み合わせが絶妙！だし巻きは茶碗蒸しの味が手軽に味わえます。

男のロマンシリーズ！
第21弾
「おそば屋さんのおつまみ第2弾」

photo by TAICHI

かえし

★かえしとは？　そばつゆに使われる調味料。かえしをだしで割ることで、そばつゆが作られる。

材料(作りやすい分量)
しょうゆ：150cc　　みりん：50cc
砂糖：小さじ2

作り方
小鍋にしょうゆを入れて火にかけ、温める。砂糖を加えてかき混ぜながら熱し、湯気が出てきたらみりんを加え、一煮する。

和肴 鴨肉の山賊焼き

日本酒によく合う！
焼酎によく合う！

材料（2人分）

鴨肉（合鴨肉）：200g
塩：少々
片栗粉：適宜

a
かえし：大さじ2
砂糖：小さじ½
山椒粉：少々

サラダ油：大さじ½
大根おろし：¼本分（300g）

作り方

① 鴨肉は余分な脂を切り落とし、1.5cm厚さのそぎ切りにする（脂はとっておく）。塩を振って片栗粉を薄くまぶす。

② aを混ぜ合わせる。

③ フライパンを熱して切り落とした脂とサラダ油を入れて炒める。①を並べて強めの中火で両面を焼く。少し焼き目がついたら、②を加えて炒め合わせる。

④ 器に盛って、大根おろしを添える。

SHIMPEI'S POINT　鴨肉に片栗粉をまぶすことで、たれがからみやすくなる。

和肴 茶碗蒸し風だし巻き

 日本酒によく合う！

材料（2人分）

エビ：4尾
塩：1つまみ
姫三つ葉：½袋（10g）
ごま油：大さじ½

a
卵：2個
かつおだし：50cc
みりん：小さじ2
サラダ油：小さじ1
薄口しょうゆ：小さじ½
塩：小さじ⅓

作り方

① エビは殻をむいて背開きにし、背ワタを取り除く。塩を振る。

② 姫三つ葉は2cm幅に刻む。ボウルにa、三つ葉を加えて混ぜ合わせる。

③ フライパンを熱してごま油をひき、エビを入れて強めの中火で炒める。半分くらい火が通ったら②を加え、強火でそのまま触らずに加熱する。卵がかたまり始めたら、ゴムべらでフライパンの底からこそぐように大きく混ぜながら加熱する。半熟状になったら器に盛る。

和肴 かまぼこの梅肉海苔わさび和え

日本酒によく合う！
焼酎によく合う！

材料（2人分）

かまぼこ：1個
梅干し：2個
海苔の佃煮：大さじ1
わさび：小さじ⅓

作り方

① かまぼこは厚みを3等分に切ってから細切りにする。

② 梅干しは種を取り除き、包丁でたたいてボウルに入れる。海苔の佃煮、わさびを加えて混ぜる。①を加えて和える。

SHIMPEI'S POINT　かまぼこは均一の大きさに切ることで、味が均等になる。

和麺 シメのそば

材料（2人分）

鴨肉（合鴨肉）：適宜
長ねぎ：½本
かえし：大さじ6
かつおだし：400cc
ごま油：小さじ1
好みのそば：2人分
わさび：適宜

作り方

① 鴨肉はそぎ切りにする。長ねぎは8等分に切る。

② 鍋にかえしとかつおだしを入れて中火にかける。

③ フライパンを熱してごま油をひき、長ねぎを入れて強火で焼く。少し焼き目がついたら②に加えて一煮する。鴨肉を加えてサッと煮て、器に盛る。

④ そばは袋の表示時間通りに茹で、洗って氷水でしめる。水気をしっかりきって器に盛り、③、わさびを添える。

SUMMER **574**　　　2019.06.09 OA

スタミナ定食
牛カルビ丼のオレンジソースがけ／砂肝のとろろポン酢
オクラとしょうがのスープ

TAICHI'S COMMENT
カルビ丼は、オレンジのパンチが効いた
ソースが美味しい！
砂肝はさっぱりと食べられます。
スープはしょうがの香りが爽やかで絶品！

和飯 牛カルビ丼のオレンジソースがけ

材料（2人分）

牛カルビ肉（焼き肉用）：300g
もやし：1袋
塩、黒こしょう：各適宜
温かいごはん：2人分

【オレンジソース】
にんにく、しょうが：各1片（各10g）
玉ねぎ：40g
ごま油：大さじ½

a ┌ オレンジの搾り汁：大さじ2
  │ しょうゆ：大さじ2
  │ 酒、みりん：各大さじ1
  │ 白炒りごま：大さじ½
  │ 砂糖：小さじ2
  │ みそ：小さじ1
  └ 豆板醤：小さじ½

b ┌ 片栗粉、水：各小さじ½

作り方

① オレンジソースを作る。にんにく、しょうが、玉ねぎはすりおろす。a、bをそれぞれ混ぜ合わせる。

② 小鍋を熱してごま油をひき、にんにく、しょうが、玉ねぎを加えて中火で炒める。香りが出てきたらaを加えて煮詰める。再びよく混ぜ合わせたbを加えてとろみをつける。

③ もやしは塩少々を加えた熱湯でサッと茹でる。水にさらして粗熱を取り、水気をしっかり絞る。

④ 牛カルビ肉は両面に塩少々、黒こしょうを振る。フライパンを熱して油をひかずに牛肉を並べ、強火で両面を焼く。

⑤ 器にごはんを盛って④を並べ、真ん中に③を盛る。肉の上に②を回しかける。

SHIMPEI'S POINT　ソースにオレンジの搾り汁を加えることで、爽やかな味わいに仕上がる。

和肉 砂肝のとろろポン酢

材料（2人分）

砂肝：100g
酒：適宜
ごま油、しょうゆ：各小さじ½
長芋：200g
ポン酢：適宜
青ねぎ（小口切り）：適宜

作り方

① 砂肝は半分に切り、縦半分に切り込みを入れる。湯を沸かして酒を加え、砂肝を入れて3〜4分中火で加熱し、火が通ったら水にさらす。粗熱が取れたら水気を拭いてごま油、しょうゆで和える。

② 長芋は皮をむき、すりおろす。

③ 器に①を盛って②をかける。ポン酢を回しかけ、青ねぎをかける。

SHIMPEI'S POINT　砂肝に下味をつけることで、仕上がり全体の味がよくなじむ。

和汁 オクラとしょうがのスープ

材料（2人分）

オクラ：6本
塩：少々
しょうが：1片
水：600cc
鶏がらスープの素（半練り）：大さじ½
みりん、酒：各大さじ½
薄口しょうゆ：大さじ1
長ねぎ（みじん切り）：適宜

作り方

① オクラはヘタの先を切り落とし、ガクを取る。塩を振って板ずりをする。鍋に湯を沸かし、オクラを入れてサッと茹でる。水（分量外）にとって冷まし、水気を拭きとる。1cm厚さの小口切りにする。しょうがはすりおろす。

② 小鍋に水を沸かし、鶏がらスープの素を入れて溶かす。みりん、酒、薄口しょうゆを加えて混ぜる。オクラ、しょうがを加えて一煮する。

③ 器に盛り、長ねぎを散らす。

47都道府県ご当地ごはん 第7弾 三重県編

SUMMER 575

2019.06.16 OA

手ごね寿司 だし茶漬け
亀山みそ焼きうどん

TAICHI'S COMMENT
手ごね寿司は心平ちゃんの
アレンジで加えた青唐辛子が
良いアクセントになっています。
みそ焼きうどんは大人から子どもまで
楽しめるシンプルな味わいです。

和 飯 手ごね寿司

シメまで美味しい！

材料（4人分）
- マグロ（赤身）：1さく（150ｇ）
- カツオ：1さく（150ｇ）
- 青唐辛子：2本
- 温かいごはん：2合分
- すし酢：大さじ3

a
- しょうゆ：大さじ2½
- みりん：大さじ1½
- すだち（搾り汁）：1個分
- みょうが：3個
- 青じそ：10枚

★ 手ごね寿司とは？
しょうゆベースのたれに漬け込んだ赤身の魚をすし飯にのせて食べる、三重県志摩地方の郷土料理。漁師が船上で獲れたカツオを刺身にし、豪快に手でこねて食べたことが始まりとされている。

SHIMPEI'S POINT
たれに漬け込む時間は15分程度に留めることで、魚の食感が残り美味しく仕上がる。

作り方
① マグロ、カツオはそぎ切りにしてボウルに入れる。青唐辛子はヘタを取り、みじん切りにしてボウルに加える。さらにaを加えて全体を和える。ラップをかけて15分漬ける。

② すし飯を作る。ボウルにごはんを入れ、すし酢を少しずつ加えながら、濡らしたしゃもじでサックリと混ぜる。

③ みょうがは粗みじん切り、青じそは千切りにする。

④ 器に②を盛って①をのせ、①の漬け汁を回しかける。③をのせる。

和 飯 だし茶漬け

材料（2人分）
- 手ごね寿司（残り）：適宜
- かつおだし：300cc
- 酒、薄口しょうゆ：各大さじ½
- 塩：小さじ⅓
- 焼き海苔：適宜

作り方
① 小鍋にかつおだし、酒、薄口しょうゆ、塩を入れて、一煮する。

② 手ごね寿司を器に盛って①をかけ、焼き海苔を散らす。

和 麺 亀山みそ焼きうどん

材料（2人分）
- 茹でうどん：2玉
- キャベツ：⅛個（150ｇ）
- 豚こま切れ肉：150ｇ
- 塩：1つまみ
- 黒こしょう：適宜

a
- 赤みそ：大さじ1½
- 酒、みりん、しょうゆ：各大さじ1
- 砂糖：小さじ1
- 豆板醤：小さじ½
- にんにく（すりおろし）：1片分
- ラード：大さじ1

★ 亀山みそ焼きうどんとは？
三重県亀山市発祥のB級グルメ。豚肉、キャベツ、うどんに辛味の効いた赤みそのたれをからめるのが特徴。

作り方
① 茹でうどんは袋に切り込みを入れ、600Wの電子レンジで3分加熱する。キャベツはざく切りにする。豚こま切れ肉は一口大に切って塩、黒こしょうを振る。aを混ぜ合わせる。

② フライパンを熱してラードを溶かし、豚肉を強火で炒める。豚肉に8割程火が通ったら、キャベツを加えて炒める。少ししんなりしたらaを加えてからめるように炒め合わせる。

③ うどんを加え、ほぐしながらよく炒め合わせる。

SUMMER *576*　　　2019.06.23 OA

桜エビと塩昆布の和風チャーハン
枝豆と高菜のジューシー餃子

TAICHI'S COMMENT
チャーハンは桜エビと塩昆布が
抜群の組み合わせ！
餃子は高菜の酸味が効いていて、
たれが無くても十分美味しいですね。

photo by TAICHI

和飯 桜エビと塩昆布の和風チャーハン

材料（2人分）
かために炊いたごはん：440g
桜エビ：15g
*1 塩昆布：25g
青ねぎ：6本
卵：2個

*2 ラード：大さじ1
ごま油：大さじ½
にんにく、しょうが（各みじん切り）：各1片分
赤唐辛子（小口切り）：小さじ1分
塩：適宜

作り方
① 塩昆布は刻む。青ねぎは小口切りにする。卵はボウルに溶く。

② フライパンを熱してラード、ごま油を入れる。ラードが溶けたら、にんにく、しょうがを炒め、香りが出てきたら卵を加え、すぐにごはんを加えて木べら等で軽く鍋肌に押さえつける。ほぐしながらよく炒める。

③ ごはんがほぐれたら赤唐辛子、桜エビ、塩昆布の順に加えてよく炒め合わせる。味をみて塩でととのえる。青ねぎを加えてザッと混ぜる。

④ お椀等に③を入れ、ひっくり返して器に盛る。

SHIMPEI'S POINT

*1 塩昆布にはしっかりと味がついているので、調味料として使うことができる。

*2 ラードとごま油を使うことで、仕上がりのコクと香りがアップする。

中肉 枝豆と高菜のジューシー餃子

材料（2人分）
枝豆：200g（正味100g）
高菜：100g
豚ひき肉：250g
a ┌ 酒、酢：各大さじ½
　│ 片栗粉、オイスターソース、しょうゆ：各小さじ1
　└ 塩：小さじ½

餃子の皮（大判）：1袋
水、塩：各適宜
サラダ油、ごま油：各適宜
マスタード：適宜

作り方
① 枝豆は塩を加えた熱湯でかために茹でる。流水で冷まし、さやから豆を取り出す。高菜はみじん切りにする。

② ボウルに豚ひき肉、①、aを入れて手でよく混ぜ合わせる。

③ 餃子の皮の縁にぐるりと水をつけ、真ん中に②をのせて包むように半分に折り、ひだを寄せながらピッチリと閉じる。

④ フライパンに③を6～7個並べて強火にかける。上からサラダ油大さじ½を回し入れ、強火で焼く。パチパチ音がしてきたら水75ccを加えて蓋をし、蒸し焼きにする。水分が無くなってきたら蓋を取り、ごま油を回し入れ、焼き目をしっかりとつける。焼き目を上にして器に盛り、マスタードを添える。残りも同様に焼く。

SHIMPEI'S POINT

枝豆は茹でた後にしっかりと冷ますことで、焼いた後でも食感が残る。

summer 577　　2019.06.30 OA

塩レモン焼きそば
豪快ミートボール トマトライス
もう我慢できない！（絶品アヒージョ）

TAICHI'S COMMENT
アウトドアを丸1日楽しめるキャンプ料理です。昼は手軽に焼きそば、夜はミートボールをワンプレートにして。僕のアヒージョはおつまみにぜひ！

photo by TAICHI

洋 魚　もう我慢できない！（絶品アヒージョ）

材料（3～4人分）

茹でタコ：200g
ブラウンマッシュルーム：1パック（100g）
ミニトマト：6個
にんにく：2片
赤唐辛子：1本
オリーブ油：150cc
塩：小さじ1/3～1/2
タイム、イタリアンパセリ：各適宜
バゲット：適宜

作り方

① 茹でタコは一口大のぶつ切りにする。ブラウンマッシュルームは石づきを取る。ミニトマトはヘタを取る。にんにくは潰す。赤唐辛子はちぎってヘタと種を取り除く。

② スキレットにオリーブ油、にんにく、赤唐辛子、塩、タイムを入れて中火にかける。にんにくが薄く色づいてきたらマッシュルーム、ミニトマトを加えて煮る。火が通ったらタコを加えて30秒煮る。イタリアンパセリをちぎってかけ、薄切りにしたバゲットを添える。

TAICHI'S POINT
食材によって加熱する時間を変えることで、それぞれの食感を生かした仕上がりになる。

和 麺 塩レモン焼きそば

材料（4人分）

レモン：½個	a 鶏がらスープの素
キャベツ：¼個（200g）	（半練り）：小さじ1
赤パプリカ：½個	水：150cc
にんにく：2片	ごま油、みりん：
青じそ：10枚	各大さじ½
豚バラ肉	レモン汁：大さじ1½
（しゃぶしゃぶ用）：200g	ごま油：大さじ1
塩：適宜	蒸し麺（焼きそば用）：3玉
	黒こしょう：適宜

作り方

① レモンは輪切りにする。キャベツは一口大のざく切りにし、赤パプリカは縦1cm幅に切ってから横3等分に切る。にんにくは横薄切りにする。青じそはみじん切りにする。

② 密閉袋に豚バラ肉を入れて、塩小さじ½を加えてもみ込む。a、①を加えてザッと混ぜ、空気を抜きながら閉じる。冷蔵庫に入れて60分以上漬け込む。

③ ②からレモンを取り除く。フライパンを熱してごま油をひき、②の豚肉を入れて強火で炒める。豚肉の色が変わり始めたら残りの具材、漬け汁、蒸し麺を入れて水分が少なくなるまで全体を炒め合わせる。味をみて足りなければ塩、黒こしょうでととのえる。

SHIMPEI'S POINT　事前に家で具材の下ごしらえをして密閉袋に詰めておくことで、バーベキュー場では焼くだけで簡単に仕上げられる。

洋 肉 豪快ミートボール

材料（4人分）

【ミートボール】
玉ねぎ：大½個（170g）	キャベツ：½個（400g）
豚ひき肉：500g	マッシュルーム：1パック
塩：小さじ1	オリーブ油：大さじ2½
ナツメグ：小さじ1	トマトジュース
卵：1個	（食塩無添加）：700cc
薄力粉：大さじ1	塩：小さじ1
黒こしょう：たっぷり	ローズマリー：2～3本
	タイム：3～4枝
	黒こしょう：適宜
	イタリアンパセリ：適宜

作り方

① ミートボールを作る。玉ねぎはみじん切りにしてボウルに入れ、その他のミートボールの材料を全て加えてよく混ぜ合わせる。

② キャベツは一口大にちぎる。マッシュルームは縦5mm厚さに切る。

③ 鍋にオリーブ油を入れ、キャベツの¼量を底に敷き詰める。その上に①を大きな一つのかたまりごと入れて十字に切り込みを入れる。トマトジュース、塩をよく混ぜ合わせてから鍋に加える。鍋とミートボールの隙間に残りのキャベツを差し込む。ミートボールの切り込み部分にローズマリー、タイムをのせる。マッシュルームを加え、黒こしょうを振る。

④ 蓋をして強火にかけ、沸いてきたら強めの中火で20分くらい煮る。器に盛り、イタリアンパセリを添える。

洋 飯 トマトライス

材料（4人分）

米：2合	コンソメ（顆粒）：1袋（5g）
トマトジュース	豪快ミートボール：適宜
（食塩無添加）：170cc	
水：180cc	

作り方

❶ 米は洗って水気をきる。飯ごうに米を入れ、トマトジュース、水、コンソメを加える。

❷ 蓋をして火の頂点に合わせて飯ごうの位置を調整する。最初は火元の近くで炊き、沸いてきたら少し火元から遠ざけて10～15分くらい炊く。そのまま10分蒸らす。

❸ 器に②を盛り、豪快ミートボールをかける。

summer 578　　　　　　2019.07.07 OA

鯛とハーブのオーブン蒸し
豚バラ肉のかたまり焼き
丸ごとりんごのシナモンケーキ

美絵さんレシピ

TAICHI'S COMMENT
女性らしいアイデア満載の
キャンプ料理です。
鯛のオーブン蒸しは、しっかりと
感じられる鯛の味と爽やかな香りが絶品！
かたまり焼きは香ばしく焼くことで
さらに美味しさを感じます。

GUEST 外ごはんスタイリスト　風森美絵（かざもりよしえ）

photo by TAICHI

洋 魚 鯛とハーブのオーブン蒸し
美絵さんレシピ

材料（4人分）

- 鯛（下処理済み）：1尾
- ズッキーニ：1本
- 玉ねぎ：1個
- ミニトマト：10個
- にんにく（みじん切り）：1片分
- 塩、黒こしょう、オリーブ油：各適宜
- 白ワイン：100cc
- タイム：6枝程
- レモン（輪切り）：1/2個分
- イタリアンパセリ：4枝

YOMYOM'S POINT
上下から熱するダッチオーブンの効果で鯛が蒸されてふっくらと仕上がる。

作り方

① 鯛はダッチオーブンの大きさに合わせて切る。ズッキーニは乱切りにする。玉ねぎは皮つきのまま4等分に切る。

② ダッチオーブンの底に網を敷き、鯛、ズッキーニ、ヘタを取ったミニトマト、にんにく、玉ねぎを入れて、塩、黒こしょう、オリーブ油を加える。さらに、白ワイン、タイムを加える。蓋をしてその上に炭をのせ、30～40分程中火で加熱する。

③ 鯛に火が入ったら、レモン、イタリアンパセリを加え、蓋をして10分蒸す。

洋 肉 豚バラ肉のかたまり焼き

材料（4人分）
豚バラかたまり肉：400g
豆苗、クレソン：各適宜

【たれ】
ケチャップ、ウスターソース：各大さじ4
しょうゆ：大さじ1
砂糖：小さじ1
にんにく、しょうが（チューブ）：各大さじ1

作り方
① 豚バラかたまり肉はフォークなどで全体に穴を開ける。豆苗は根元を切り落とす。

② 密閉袋にたれの材料を全て混ぜ合わせ、豚肉を入れてよくもみ、30分程度味を染み込ませる。

③ ②から豚肉を取り出し、漬け込んだたれはとっておく。豚肉の表面を焼き網の上で弱火で焼き、深型のアルミプレートを逆さまにかぶせて20分焼く。焦げないように注意しながら、じっくりと火が入るように全面を焼く。

④ 豚肉全体に、③の漬けだれを塗る。

⑤ ④を食べやすい大きさに切って器に盛る。豆苗、クレソンを添える。

YOMYOM'S POINT　豚肉にアルミプレートをかぶせることで蒸し焼き状態になり、やわらかくジューシーに仕上がる。

洋 甘 丸ごとりんごのシナモンケーキ

材料（1個分）
りんご：1個
ホットケーキミックス：大さじ4
牛乳：40cc
シナモンパウダー：小さじ½
砂糖：5g
バター：小さじ1
レモン汁：小さじ1
粉砂糖、ミント：各適宜

作り方
① りんごの上部を切り落とし、スプーン等で中身をくりぬく。くりぬいた中身はとっておく。

② ホットケーキミックス、牛乳、①でくりぬいた中身の種と芯以外を混ぜ合わせる。

③ ①のくりぬかれたりんごに②を詰め、その上にシナモンパウダー、砂糖、バター、レモン汁を加える。

④ 二重にしたアルミホイルで、上から様子を確認できるようにりんごを丸ごと包み、遠火の炭火で20分以上蒸し焼きにする。

⑤ 器に盛り、粉砂糖を振ってミントを添える。

SUMMER 579　　　2019.07.14 OA

浅漬けカポナータ
みょうがの肉巻き
ナスの冷やし麺風 香味だれ

TAICHI'S COMMENT
夏野菜を美味しく
食べられるレシピです。
カポナータは夏を感じられる爽やかな一品。
肉巻きは甘いたれとみょうがの
バランスが抜群ですね。
ナスの冷やし麺風は
青唐辛子が効いていて絶品！

photo by TAICHI

伊菜 浅漬けカポナータ

材料（3～4人分）
- カブ：2個（200ｇ）
- きゅうり：1本（150ｇ）
- ズッキーニ：1本（180ｇ）
- 塩：小さじ1½
- トマト：4個

a
- しょうが（千切り）：1片分
- オリーブ油、レモン汁：各大さじ1
- 塩：小さじ1

- パルミジャーノ：適宜
- 黒こしょう：適宜

作り方
① カブは皮をむいて縦12等分に切る。きゅうりは斜め5mm厚さに切る。ズッキーニは7mm厚さの輪切りにする。切った野菜をボウルに入れ、塩をまぶす。そのまま30分置く。

② トマトは湯むきをし、ざく切りにする。

③ ボウルにaを混ぜ合わせ、②を加えて実を軽く潰す。よく水気を絞った①を加えて和える。

④器に盛り、パルミジャーノをすりおろしてかけ、黒こしょうを振る。

SHIMPEI'S POINT
野菜から余分な水分をしっかりと出すことで仕上がりの味がぼやけるのを防ぐ。

和肉 みょうがの肉巻き

材料（2～3人分）
- みょうが：8個
- 豚肩ロース肉（しゃぶしゃぶ用）：100ｇ
- 塩、黒こしょう：各適宜
- ごま油：大さじ½
- 片栗粉：適宜
- サラダ菜：適宜

a
- しょうが（すりおろし）：1片分
- しょうゆ、すし酢：各大さじ1
- みりん、酒：各大さじ½
- 砂糖：小さじ½

作り方
① みょうがは根元と上の部分を少し切り落とす。豚肩ロース肉は1枚ずつ広げて塩、黒こしょうを振る。みょうがに豚肉を巻きつけ、はがれないようにギュッと握る。

② aを混ぜ合わせる。

③ フライパンを熱してごま油をひき、①に片栗粉をまぶしてギュッと握りながら並べ入れる。蓋をして強めの中火でたまに転がしながら焼く。全体に少し焼き目がついて竹串がスッと通ったら、②を加えてからめる。

④ 器にサラダ菜を敷いて③を盛る。

SHIMPEI'S POINT
片栗粉をつけた後にギュッと握ることで、豚肉がはがれにくくなる。

和菜 ナスの冷やし麺風 香味だれ

材料（2～3人分）
- ナス：5本
- 長ねぎ：5cm
- 干しエビ：4個
- 青唐辛子：2本

a
- しょうゆ：大さじ1
- みりん：小さじ1
- 砂糖：小さじ½

- 卵黄：1個分

作り方
① ナスはヘタを切り落とし、1本ずつラップで包む。600Wの電子レンジで5～7分加熱する。火傷に注意しながら触ってみて、かたい場合はさらに電子レンジで加熱し、やわらかくする。氷水にさらして冷やす。皮をむいて小指くらいの太さにさき、水気をよくきる。

② 長ねぎ、干しエビ、青唐辛子はみじん切りにする。

③ a、②を混ぜ合わせる。

④ 器に①を円状に盛って真ん中に卵黄をのせ、③をかける。

SUMMER 580

タイ料理2品
ガパオライス／トムカーガイ

2019.07.21 OA

TAICHI'S COMMENT
ガパオライスは程良い辛さが美味しい！
トムカーガイは魚介の香りが加わることで
味に深みが出ています。

photo by TAICHI

亜飯 ガパオライス

材料（2人分）

- 玉ねぎ：小½個（100g）
- スイートバジル：1パック（10g）
- にんにく：1片
- 赤唐辛子（生）：2本（20g）
- 空芯菜：4本
- 香菜：適宜
- a
  - ナンプラー：大さじ1
  - レモン汁：大さじ½
  - 砂糖：小さじ1
  - 塩：小さじ⅓
- オリーブ油：適宜
- 塩：適宜
- 豚ひき肉：300g
- 卵：2個
- 温かいジャスミンライス：2人分
- レモン（くし形切り）：4切れ

SHIMPEI'S POINT
シンプルな料理だからこそ丁寧に工程を進めることで美味しく仕上がる。

作り方

① 玉ねぎ、スイートバジル、にんにくはみじん切りにする。赤唐辛子は種ごと小口切りにする。空芯菜は根元を切り落とす。香菜はざく切りにする。aを混ぜ合わせる。

② フライパンを熱してオリーブ油大さじ½をひく。空芯菜を入れて塩を振り、強火で炒める。いったん取り出す。

③ ②のフライパンを熱してオリーブ油大さじ1½をひき、にんにくを中火で炒める。香りが出てきたら豚ひき肉を入れ、ほぐしながら強火で炒める。肉の色が変わったら玉ねぎ、赤唐辛子を加えて炒める。玉ねぎが透き通ってきたらaを加え、水分を飛ばしながら炒め合わせる。バジルを加えてザッと混ぜる。

④ 別のフライパンを熱してオリーブ油を多めにひき、卵を割り入れて半熟の目玉焼きを作る。

⑤ ジャスミンライスを器に盛り、上から③をかけて④をのせる。②、レモン、香菜を添える。

亜汁 トムカーガイ

★トムカーガイとは？
エビや鶏肉等の具材を入れ、唐辛子の辛さをココナッツミルクでマイルドかつ奥深く仕上げるスープ。「トム」は"煮る"、「カー」は"しょうが"、「ガイ」は"鶏肉"という意味。

材料（2人分）

- むきエビ：120g
- 鶏もも肉：150g
- インゲン：5本
- 塩：適宜
- エリンギ：1パック
- にんにく、しょうが：各1片
- ココナッツミルク：1缶（400cc）
- ナンプラー：大さじ1½
- 香菜（葉をつまんだもの）：適宜
- a
  - 赤唐辛子（生）：1本（10g）
  - 水：400cc
  - 香菜の根：2本分
  - 酒：大さじ1
  - 鶏がらスープの素（半練り）：小さじ½

SHIMPEI'S POINT
*1 にんにくとしょうがは潰して加えることで、スープ全体に香りが程良く行きわたる。
*2 エビを最後に加えることでスープに風味が加わり、さらにエビのプリプリとした食感も楽しめる。

作り方

① むきエビは背開きにして背ワタを取り除く。鶏もも肉は一口大に切る。インゲンはヘタを取って長さを3等分に切ってから、塩少々を加えた熱湯でサッと下茹でし、ザルに上げて粗熱を取る。エリンギは食べやすい大きさにさく。にんにく、しょうがは潰す[*1]。aの赤唐辛子は種ごと小口切りにする。

② 鍋にa、にんにく、しょうがを入れて強火にかける。フツフツしてきたら鶏肉を入れ、沸いてきたら蓋をして中火で5分煮る。

③ ココナッツミルクを入れ、再び沸いてきたらエリンギを加えて煮る。エリンギに火が通ったらナンプラー、塩小さじ½を加えて味をととのえ、インゲン、むきエビを加えて[*2]一煮する。

④ 器に盛って香菜を散らす。

SUMMER **581**　　　　　2019.07.28 OA

夏のおつまみ3種
鶏ひき肉と梅の青じそ挟み揚げ／枝豆の花椒炒め
カリカリチキンのナスごまみそだれがけ

TAICHI'S COMMENT

挟み揚げは梅干しの
上品な香りが爽やか！
花椒炒めは枝豆のサクッとした
食感を楽しめます。
カリカリチキンはみそだれの味が
アクセントになっていますね。

和肴 鶏ひき肉と梅の青じそ挟み揚げ

🍺ビールによく合う!

材料（2人分）

梅干し：1個（正味10g）	a ┌ 天ぷら粉：大さじ4
鶏ももひき肉：50g	└ 水：大さじ4
白炒りごま：小さじ1	揚げ油：適宜
青じそ：20枚	ごま油：大さじ2

作り方

① 梅干しは種を取り除き、包丁でたたいてボウルに入れる。鶏ももひき肉、白炒りごまを加えて混ぜ合わせる。4等分に分ける。

② 青じそは5枚1組にし、青じそ3枚、①、青じそ2枚の順番で挟む。同様に3個作る。

③ aを混ぜ合わせる。

④ 揚げ油を180℃に熱し、②を③にくぐらせて揚げる。衣がかたまってきたらごま油を加え、たまに返しながら表面がカリカリになるまで揚げる。

SHIMPEI'S POINT　側面にしっかり衣をつけることで、揚げた時に具材がバラバラになるのを防ぐ。

和肴 カリカリチキンのナスごまみそだれがけ

🍺ビールによく合う!

材料（2人分）

鶏もも肉：1枚（約300g）	【ナスごまみそだれ】
塩：小さじ½	ナス：3本（250g）
黒こしょう：適宜	青ねぎ：5本
ごま油：小さじ1	ごま油：大さじ½
	a ┌ みそ、白練りごま：
	│ 　各大さじ1
	│ 酒、みりん：各大さじ½
	│ しょうゆ：小さじ2
	└ 砂糖：小さじ1

作り方

① ナスごまみそだれを作る。ナスはヘタを切り落として1本ずつラップに包み、600Wの電子レンジで3分程加熱する。かたい場合はさらに2分加熱する。熱いうちに皮をむき、5mm角くらいに刻む。青ねぎは小口切りにする。

② フライパンを熱してごま油をひき、ナスを入れて中火で炒める。油が回ったら青ねぎ、よく混ぜ合わせたaを加えて炒め合わせる。

③ 鶏もも肉は大きめの一口大に切り、塩、黒こしょうを振る。フライパンを熱してごま油をひき、鶏肉を皮を下にして入れて中火でじっくりと焼く。カリッとした焼き目がついたら返して両面を焼く。

④ 器に③を盛って②をかける。

中肴 枝豆の花椒炒め

🍺ビールによく合う!

材料（2人分）

枝豆（茹でてさやから取り出したもの）：	花椒：小さじ1
1袋分（正味260g）	片栗粉：大さじ1
	ごま油：適宜
	塩：小さじ⅓

作り方

① 花椒はすって片栗粉と混ぜる。枝豆を加えてまぶす。

② フライパンを熱してごま油大さじ2をひき、①を強めの中火でじっくり炒める。油が少なくなったら適宜ごま油を足す。表面がカリッとしてきたら、塩を振って全体を混ぜ合わせる。

SHIMPEI'S POINT　花椒と片栗粉を先に枝豆にまぶすことで、花椒が全体に行きわたり、味に一体感が出る。

SUMMER **582**　　2019.08.04 OA

じゃことニラのカリカリぶっかけ飯
焼き鮭とクリームチーズののっけ飯
鶏ひき肉とザーサイの即席冷やしクッパ

TAICHI'S COMMENT
じゃこの香ばしさ、ジャンキーなクリームチーズやキムチの酸味がアクセントになった、食欲が無くなりがちな夏にサラッと食べられる3品です！

photo by TAICHI

和飯 じゃことニラのカリカリぶっかけ飯

材料（1人分）
ニラ：2本（15g）
しょうが：½片
ごま油：小さじ1
ちりめんじゃこ：15g
温かいごはん：1人分
麺つゆ（3倍濃縮）：小さじ1
卵黄：1個分

SHIMPEI'S POINT
ちりめんじゃこをカリカリになるまで炒めることで、風味と食感が増す。

作り方
① ニラ、しょうがはみじん切りにする。フライパンを熱してごま油をひき、ちりめんじゃこ、しょうがを入れて中火で炒める。カリッとしてきたらニラを加えてサッと混ぜる。

② 器にごはんを盛って①をのせ、麺つゆを回しかけ、真ん中に卵黄をのせる。

洋飯 焼き鮭とクリームチーズののっけ飯

材料（1人分）
甘塩鮭：1切れ（50g）
クリームチーズ：40g
アボカド：¼個
温かいごはん：1人分
塩、黒こしょう、
オリーブ油：各適宜

SHIMPEI'S POINT
鮭が熱いうちにクリームチーズと混ぜることで、クリームチーズが余熱で程良く溶けて美味しくなる。

作り方
① 甘塩鮭は魚焼きグリルでこんがりとなるまで焼き、皮と骨を取り除く。熱いうちにボウルに入れクリームチーズを加えてよく混ぜ合わせる。

② アボカドは縦にスライスする。

③ 器にごはんを盛って塩を振り、②、①を順にのせる。オリーブ油を回しかけて黒こしょうを振る。

韓飯 鶏ひき肉とザーサイの即席冷やしクッパ

材料（1人分）
キムチ：40g
長ねぎ：5cm
ごはん（冷凍）：1人分（200g）

【鶏がらスープ】
鶏がらスープの素（半練り）、
酒：各小さじ½
水：300cc

【鶏ザーサイそぼろ】
ザーサイ（味つき）：15g
鶏ももひき肉：100g
ごま油：小さじ1
塩：小さじ⅓
白こしょう：適宜

SHIMPEI'S POINT
冷凍したごはんと鶏ザーサイそぼろに熱々のスープをかけることで"冷や熱"の新食感を楽しめる。

作り方
① キムチは1cm幅に刻む。長ねぎは白髪ねぎにして水にさらし、水気をきる。

② 鶏ザーサイそぼろを作る。ザーサイはみじん切りにする。フライパンを熱してごま油をひき、鶏ももひき肉を入れてほぐしながら強火で炒める。色がほぼ変わったらザーサイを加えて炒め、塩、白こしょうを加えて炒める。粗熱が取れたらラップで包んで冷凍する。

③ 鶏がらスープを作る。鍋に水を入れて沸かし、鶏がらスープの素、酒を加えて一煮する。

④ 器にごはん（冷凍）を盛って②をのせ、③を注ぐ。ごはんと具材を軽く崩して①をのせる。

SUMMER **583**

夏の冷やし鍋
厚揚げのごまニラにんにくオイル

2019.08.11 OA

TAICHI'S COMMENT
スープを冷たくして
たっぷりの夏野菜を楽しむ、
新感覚の鍋です。
野菜を加熱しないから
シャキシャキ感が味わえるし、
2種類のたれで
味に変化が出るのもいいですね。

和鍋　夏の冷やし鍋

シメまで美味しい!

材料(4人分)

豚バラ肉
（しゃぶしゃぶ用）：150g
鯛（刺身用）：1さく（100g）
レタス：大2枚
青じそ：10枚
みょうが：1個
きゅうり：1本
トマト：小1個
かいわれ：½パック
青ねぎ：4本
三つ葉：1束
酒：適宜

【スープ】*1
かつおだし：1400cc
酒、みりん、薄口しょうゆ：
各大さじ3
塩：大さじ1

【ニラだれ】*2
ニラ：1束
a　豆板醤、酢：各小さじ2
　　しょうゆ：大さじ1

【ごまだれ】*2
にんにく：2片
サラダ油：適宜
b　しょうゆ：大さじ1½
　　みりん：大さじ½
　　砂糖：小さじ1
白練りごま：100g
水：少々

【シメ】
長芋：10cm
焼きおにぎり：適宜

作り方

① スープを作る。鍋にかつおだしを入れて火にかける。沸いたら、酒、みりん、塩、薄口しょうゆを加えて一煮する。ボウル等に移し、粗熱が取れたら冷蔵庫でしっかりと冷やす。

② ニラだれを作る。ニラはみじん切りにしてボウルに入れる。aを加えて混ぜ合わせる。

③ ごまだれを作る。にんにくは薄切りにする。フライパンにサラダ油とにんにくを入れて弱火にかけ、きつね色になるまでカリッと揚げる。油は厚揚げのごまニラにんにくオイル用にとっておく。ボウルにb、白練りごま、水、にんにくを入れて砕きながらよく混ぜ合わせる。

④ レタス、青じそ、みょうがは千切りにする。きゅうりは斜め薄切りにしてから千切りにする。トマトは1cm角の拍子木切りにする。かいわれは根元を切り落とす。青ねぎ、三つ葉は4cm長さに切る。

⑤ 鍋に湯を沸かして酒、豚バラ肉を加えてサッと茹でる。氷水にとって冷まし、水気をしっかりきる。鯛はそぎ切りにする。

⑥ ①、④、⑤を鍋に入れる。②と③をそれぞれ器に盛る。

⑦ 具材をスープと一緒に皿に取り、好みのたれをつけながら食べる。

⑧ シメを作る。長芋は皮をむき、すりおろす。焼きおにぎりを器に入れ、鍋のスープを注ぐ。余ったかいわれや青ねぎをのせ、長芋をかける。崩しながら食べる。

SHIMPEI'S POINT

*1 スープの味を濃いめにすることで、冷やした時に美味しく食べることができる。

*2 たれを2種類作ることで、味にバリエーションが出る。

和肴　厚揚げのごまニラにんにくオイル

🍶 日本酒によく合う!

材料(2人分)

厚揚げ：1枚

ごまだれ、ニラだれ、にんにくオイル
（夏の冷やし鍋の残り）：
各適宜

作り方

① 厚揚げを魚焼きグリルで焼き、少し焼き目がついたらごまだれを塗ってさらに焼く。

② 器に盛ってニラだれをのせ、にんにくオイルを熱してかける。

057

SUMMER 584   2019.08.18 OA

夏の梅肉チキンカレー
ナスの梅肉スープ

TAICHI'S COMMENT

食欲のない夏にオススメの梅肉を使った2品。カレーは梅干しの酸味を感じられる、爽やかな味。スープはさっぱり食べられてカレーとの相性抜群です。

和 飯 夏の梅肉チキンカレー

材料（4人分）

鶏もも肉：450g
塩：小さじ½
黒こしょう：適宜
梅干し：4個（正味40g）
ごぼう：½本（50g）
長ねぎ：大1本（100g）
しょうが：1片（10g）
ごま油：大さじ1

水：700cc
カレールウ（2種類）：
合わせて4片（70〜80g）
オイスターソース、
しょうゆ：各大さじ½
片栗粉、揚げ油：各適宜
温かいごはん：4人分
すだち：4個

作り方

① 鶏もも肉は一口大に切って塩、黒こしょうを振る。梅干しは種を除いて包丁でたたく。ごぼうは長めのささがきにして水（分量外）に15分くらいさらし、水気をきる。長ねぎは斜め薄切りにする。しょうがは薄切りにする。

② 鍋を熱してごま油をひき、長ねぎ、しょうがを強めの中火で炒める。しんなりして少し色づいてきたら鍋の端に寄せる。鶏肉を皮を下にして加えて炒める。長ねぎは焦げないように鶏肉の上にのせて炒める。

③ 鶏肉の色が変わったら水を加えて蓋をし、弱めの中火で10分煮る。

④ カレールウを溶き入れ、オイスターソース、しょうゆ、梅干しを加えて一煮する。

⑤ ごぼうは片栗粉をまぶす。揚げ油を180℃に熱し、きつね色になるまでカリッと揚げる。

⑥ 器にごはんを盛って④をかける。⑤、横半分に切ったすだちを添える。

和 汁 ナスの梅肉スープ

材料（2人分）

ナス：1本
梅干し：1個（正味10g）
ごま油：大さじ1
水：400cc
鶏がらスープの素
（半練り）：小さじ½

酒、みりん：各大さじ½
薄口しょうゆ：小さじ1
しょうが（すりおろし）：
1片分
青じそ（千切り）：3枚分

作り方

① ナスはヘタを落として1cm厚さの輪切りにする。梅干しは種を除いて包丁でたたく。

② 鍋を熱してごま油をひく。ナスを入れて中火で炒める。焼き目がついたら水、鶏がらスープの素を加える。フツフツしてきたら、酒、みりん、薄口しょうゆを加える。梅干しを加えて一煮する。

③ 器に盛ってしょうが、青じそをのせる。

SHIMPEI'S POINT

ごま油をしっかりと熱してからナスを加えることで、ナスが油を吸いすぎるのを抑えることができる。

SUMMER 586

2019.09.01 OA

鯛とディルの冷製そうめん
ニラと桜エビの混ぜそうめん
エビと鶏ひきしんじょうのそうめん揚げ

TAICHI'S COMMENT

冷製そうめんは鯛とディルの相性抜群！
混ぜそうめんは夏にうれしい
スタミナがつきそうな味です。
そうめん揚げはワンランク上の
おつまみに仕上がっています。

photo by TAICHI

洋 麺 鯛とディルの冷製そうめん

材料（1人分）
- そうめん：2束（100g）
- 鯛（刺身用）：4切れ
- ディル：2枝
- ミニトマト：5個
- 塩、黒こしょう、
- オリーブ油：各適宜

作り方
① ディルは刻む。ミニトマトはヘタを落として縦半分に切る。

② そうめんは袋の表示時間通りに茹で、流水でしっかり洗って、ザルにとって押さえながら水気をよく絞る。

③ ボウルに②、オリーブ油大さじ1½、塩小さじ½、ミニトマトを入れて和える。

④ 器に③を盛って鯛をのせる。鯛に塩1つまみを振り、オリーブ油を回しかける。黒こしょうを振ってディルをのせる。

SHIMPEI'S POINT
鯛に塩を振ることで、仕上がりの味にメリハリがつく。

和 麺 ニラと桜エビの混ぜそうめん

材料（1人分）
- そうめん：2束（100g）
- ニラ：2本
- 桜エビ：5g
- にんにく：1片
- ラード：大さじ1
- a ｜ 酒、みりん、しょうゆ：各大さじ1

作り方
① ニラは5mm幅に刻み、にんにくはみじん切りにする。

② フライパンを熱してラードを溶かし、にんにく、桜エビを弱火で揚げ焼きにする。全体が少し色づいてきたらaを加えて炒め合わせ、火を止めてニラを加えてザッと混ぜる。

③ そうめんは袋の表示時間通りに茹で、流水でしっかり洗って水気をよく絞る。

④ 器に③を盛って②をかける。混ぜながら食べる。

SHIMPEI'S POINT
桜エビとにんにくを弱火でじっくりと揚げ焼きにすることで、ラードに香りと風味が加わる。

和 魚 エビと鶏ひきしんじょうのそうめん揚げ

材料（2〜3人分）
- そうめん：1束（50g）
- むきエビ：100g
- 鶏ももひき肉：150g
- 薄力粉：大さじ½
- 塩：小さじ⅓
- 卵：1個
- 三つ葉、揚げ油：各適宜

【だし汁】
- a ｜ かつおだし：200cc／みりん：小さじ2／酒、薄口しょうゆ：各小さじ1／塩：小さじ⅓
- b ｜ 片栗粉、水：各小さじ1

作り方
① むきエビは背ワタがあれば取り除き、木べら等で潰してボウルに入れる。鶏ももひき肉、薄力粉、塩、卵を加えてよく混ぜ合わせる。

② 別のボウルにそうめんを細かく砕きながら入れる。

③ ①をスプーンで一口大にすくって②のボウルに加え、ボウルをゆすりながらそうめんをまぶす。手で形を丸く整える。180℃に熱した揚げ油に入れ、たまに返しながらきつね色になるまで揚げる。

④ だし汁を作る。小鍋にaを入れて煮立てる。よく混ぜ合わせたbを加えて、とろみがつくまで煮詰める。

⑤ 器に③を盛って④をかける。3cm長さに切った三つ葉をのせる。

SHIMPEI'S POINT
そうめんを細かく砕くことで、しんじょうにつきやすくなる。

男子ごはん TALK TIME 傑作選 vol.2

#573より

太一&心平のこだわりの調理器具を紹介！

男のロマンとこだわりが詰まった、太一&心平の私物紹介シリーズ！
第3弾となる今回は、"調理器具"のジャンルから、
①鍋、②包丁、③買ったはいいものの使っていない道具、
の3つをテーマに持ち寄りました。

① 鍋

信楽焼の鍋。この形と色に一目ぼれして購入したそうで。「この鍋を使えばなんでも美味しそうに見えるんです！」

京都の三十三間堂の近くで購入したという、職人さんがたたいて作った世界に一つしかない鍋。「鶏がらスープを大量にとる時などに使っています」

② 包丁

鍛冶技術が高いことで有名な、新潟県燕三条で作られたパン切り包丁。「先端だけギザギザなのは、切った時にパンくずを出にくくするためだそうです」

母方の実家にあったという中華包丁。「さびていたものを研ぎ直して愛用しています。相当前に作られたものだと思いますが、切れ味は現役です！」

③ 買ったはいいものの使っていない道具

インドネシアで購入したという、スパイスをするための道具。「日本には調合済みのスパイスがあるので、結局使わずじまいになってしまっています…」

石焼きビビンパの鍋。「石の器を焼いて中身を沸騰させる工程をやってみたかったのですが…家ではやらないですね（笑）」

AUTUMN

男子ごはんの秋。

#587 和風きのこハンバーグ
#588 秋の和定食
#589 秋のおつまみ3種
#590 ホットプレートで作るチーズ料理
#591 魚介を使ったイタリアン2品
#592 サバ缶を使った料理3品
#593 定番中華料理3品
#594 心平流スタミナラーメン／納豆トンカツ
#595 鶏のゆずしょうがみぞれ鍋
#596 砂肝の花椒揚げ／豚の花椒角煮
　　 ラーバーツァイ
　　 辣白菜

AUTUMN 587　　　2019.09.08 OA

和風きのこハンバーグ
きのこの白こしょうスープ

鉄鍋シリーズ 第4弾

TAICHI'S COMMENT
ハンバーグはソースにきのこのだしが
しっかりと出ていて美味しい！
鉄鍋を使うことでジューシーに
仕上がっています。
スープは白こしょうとにんにくの風味が、
ハンバーグとよく合います。

和肉 和風きのこハンバーグ

材料（2人分）

合いびき肉：400g
玉ねぎ：½個（120g）
バター：10g
パン粉：大さじ1½
牛乳：大さじ1
卵：1個
塩：小さじ½
ナツメグ：小さじ⅕
黒こしょう：適宜
薄力粉：大さじ1

【きのこソース】
しめじ、舞茸：各½パック（各50g）
しいたけ：3個
バター：10g
a ｜ かつおだし：250cc
　｜ しょうゆ：大さじ3
　｜ みりん：大さじ2
　｜ 砂糖：小さじ1
　｜ 塩：小さじ⅓
b ｜ 片栗粉、水：各小さじ2

オクラ：6本
ナス：2本
もやし：½袋
糸唐辛子、塩：各適宜

SHIMPEI'S POINT　炒めた玉ねぎをしっかりと冷ますことで、焼く前にハンバーグの肉ダネに熱が入るのを防ぐ。

作り方

① 玉ねぎはみじん切りにする。フライパンを熱してバターを溶かし、玉ねぎを入れて飴色になるまで弱火でじっくりと炒める。取り出して冷ます。

② きのこソースを作る。しめじは石づきを落とし、舞茸と一緒に手でほぐす。しいたけは軸を落として縦5mm厚さに切る。

③ フライパンを熱してバターを溶かし、②を加えて強火で炒める。しんなりしたら、aを加えて一煮する。よく混ぜ合わせたbを加えてとろみがつくまで煮詰める。

④ オクラはヘタの先を切り落としてガクを削り、塩適宜で板ずりをする。ナスは縦半分に切り、断面に格子状に切り込みを入れる。

⑤ ハンバーグを作る。パン粉と牛乳を混ぜ合わせてボウルに入れる。①、合いびき肉、卵、塩小さじ½、ナツメグ、黒こしょう、薄力粉を加えてよく混ぜ合わせる。半分に分けてキャッチボールをするようにしながら空気を抜き、ハンバーグ形にまとめる。

⑥ 鉄鍋に油をひかずに⑤を1個入れて蓋をし、中火で3分焼く。焼き目がついたらハンバーグを返し、ナス、オクラを半量ずつ入れ、再び蓋をして3分焼く。ハンバーグと野菜を返し、蓋をして弱めの中火で3分焼く。空いているところにもやし、③を半量ずつ加え、蓋をして3分加熱する。ハンバーグの上に糸唐辛子を散らす。もう1人分も同様に作る。

和汁 きのこの白こしょうスープ

材料（2人分）

しめじ、舞茸：各½パック（各50g）
しいたけ：3個
にんにく：1片

かつおだし：400cc
a ｜ みりん、白ワイン：各大さじ1
　｜ 塩：小さじ⅔
白こしょう：適宜

SHIMPEI'S POINT　メインのハンバーグに負けないよう、白こしょうとにんにくを加えて味にパンチを効かせる。

作り方

① しめじは石づきを落として小房に分ける。舞茸はほぐす。しいたけは軸を落として縦1cm厚さに切る。

② にんにくはすりおろす。鍋にかつおだしを入れて火にかけ、aを加えて煮立てる。①、にんにく、白こしょうを加えて2〜3分煮る。

AUTUMN 588　　　2019.09.15 OA

秋の和定食
鮭のフライ和風タルタル／ナスとししとうのおろしポン酢和え
れんこんのお吸い物

TAICHI'S COMMENT
鮭フライは和の食材にこだわった
タルタルソースが鮭の美味しさを
引き立てています。
ナスのおろしポン酢和えは
箸休めにピッタリ！
お吸い物はれんこんの
食感が生きています。

和魚 鮭のフライ和風タルタル

材料(2人分)

生鮭：2切れ(350g)
塩：小さじ¼
黒こしょう：適宜
a ┃ 卵：1個
　 ┃ 薄力粉：大さじ1½
生パン粉、揚げ油：各適宜

【和風タルタルソース】
茹で卵：2個
新しょうが：80g
玉ねぎ：小¼個(40g)
青ねぎ：4本
マヨネーズ：大さじ3
すし酢：大さじ½

作り方

① 和風タルタルソースを作る。新しょうが、玉ねぎはみじん切りにする。青ねぎは小口切りにする。ボウルに全ての材料を入れ、茹で卵を潰しながらよく混ぜ合わせる。

② 生鮭は骨があれば取り除く。半分のそぎ切りにし、塩、黒こしょうを振る。

③ aを混ぜ合わせる。鮭にaをからめ、生パン粉をまぶす。揚げ油を180℃に熱し、生鮭を入れて強めの中火で揚げる。衣がかたまってきたら、たまに返しながらきつね色になるまで揚げる。

④ 器に③を盛り、①を添える。

SHIMPEI'S POINT
タルタルソースに
玉ねぎと青ねぎを加えることで、
味が単調にならずに
美味しく仕上がる。

和菜 ナスとししとうのおろしポン酢和え

材料(2人分)

ナス：1本(80g)
ししとう：18本(80g)
みょうが：3個
ごま油：大さじ1½
塩：1つまみ
ポン酢：大さじ1½
大根おろし：適宜

作り方

① ナスは1cm厚さの斜め切りにする。ししとうはヘタを切り落として、竹串等で数カ所穴を開ける。みょうがは縦半分に切ってから斜め薄切りにする。

② フライパンを熱してごま油をひき、ナスを入れて強めの中火でじっくりと焼く。火が通ったらボウルに取り出す。同じフライパンにししとうを入れ、塩を振って強火で炒める。ボウルに加える。

③ ②のボウルに、みょうが、ポン酢を入れて和える。器に盛って大根おろしをのせ、残った汁をかける。

和汁 れんこんのお吸い物

材料(2人分)

れんこん：小1節(150g)
片栗粉：適宜
ごま油：大さじ1½
かつおだし：500cc
a ┃ 薄口しょうゆ：大さじ2
　 ┃ みりん：大さじ1½
　 ┃ 酒：大さじ1
　 ┃ 塩：小さじ½
姫三つ葉：適宜

作り方

① れんこんは皮をむいて7mm厚さの半月切りにし、15～20分水にさらす。水気を拭いて片栗粉をまぶす。フライパンにごま油を熱してれんこんを入れ、中火でカリッとするまで揚げ焼きにする。

② ①のフライパンにかつおだしを加える。煮立ったら、aを加えて一煮する。

③ 器に盛り、刻んだ姫三つ葉をのせる。

SHIMPEI'S POINT
だしを加えてからは
煮詰めすぎないことで、れんこんの
食感が残り美味しく仕上がる。

067

AUTUMN 589　　　2019.09.22 OA

秋のおつまみ3種
バルサミコ酢チキンのアボカドディップのせ
香菜とシラスのエスニックサラダ／茹で豚の麻辣ソースがけ

TAICHI'S COMMENT
チキンはディップとの食感の違いが楽しい一皿になっています。サラダはシラスの塩味が良いアクセント！茹で豚は辛みのあるソースが絶品です。

GUEST　蒼井 優

亜肴　香菜とシラスのエスニックサラダ
ビールによく合う！／スパークリングワインによく合う！

材料（3人分）
- 香菜：50g
- シラス：150g
- 紫玉ねぎ：180g
- 青ねぎ：6本
- 赤唐辛子（生）：2本

a
- オリーブ油：大さじ3
- ナンプラー：大さじ1½
- レモン汁：大さじ1

作り方
① 紫玉ねぎは繊維に沿って薄く縦にスライスし、水にさらして水気をきる。青ねぎは小口切りにする。

② 赤唐辛子は種を取り除き、3cm長さに切ってから縦に千切りにする。香菜は根を切り落として5cm長さのざく切りにする。

③ ①、②、シラスをボウルに入れ、よく混ぜ合わせる。

④ aを合わせて③にかけ、全体をよく混ぜ合わせて器に盛る。

伊肴 バルサミコ酢チキンのアボカドディップのせ

ビールによく合う！ **白ワインによく合う！**

材料（3人分）

鶏もも肉：300g
塩：小さじ1/3
黒こしょう：適宜
オリーブ油：小さじ1
ミニトマト
（湯むきしたもの）：8個
バルサミコ酢：大さじ2

【アボカドディップ】
アボカド：1個（140g）
a ┃ クリームチーズ：50g
　┃ 塩：小さじ1/3
　┃ 黒こしょう：適宜
　┃ レモン汁：小さじ1

作り方

① アボカドディップを作る。アボカドは縦半分に切り、種を取り除いて皮をむく。ボウルにアボカド、aを入れ、アボカドを潰しながらよく混ぜ合わせる。

② 鶏もも肉は大きめの一口大に切り、塩、黒こしょうで下味をつける。

③ フライパンにオリーブ油を熱し、②を皮を下にして入れ、蓋をして中火で焼く。焼き目がついたら返し、再び蓋をして中火で焼く。

④ 鶏肉に火が通ったらミニトマト、バルサミコ酢を加え、一煮して火を止める。器に盛り、①をかけ、黒こしょうを振る。

中肴 茹で豚の麻辣ソースがけ

ビールによく合う！

材料（3人分）

豚肩ロース薄切り肉：250g
大根：60g
片栗粉：適宜

a ┃ しょうゆ：大さじ1/2
　┃ みりん：大さじ1/2
　┃ 紹興酒：大さじ1/2

【麻辣ソース】
ニラ：50g
セロリ：50g
長ねぎ：10cm
にんにく、しょうが：各1片
花椒：小さじ1
ごま油：大さじ1
ラー油：小さじ1

b ┃ 鶏ガラスープの素
　┃ （半練り）：小さじ1/2
　┃ 水：150cc
　┃ オイスターソース：
　┃ 大さじ1
　┃ しょうゆ：大さじ1/2
　┃ 紹興酒：小さじ1
　┃ 豆板醤：小さじ2
　┃ 片栗粉：小さじ1/2

作り方

① 大根はピーラーで薄くスライスし、*¹ 氷水にさらして水気を拭きとる。

② ボウルに豚肩ロース薄切り肉、aを入れてもみ込み30分置く。豚肉を1枚ずつ広げて片栗粉をまぶす。*²

③ 麻辣ソースを作る。ニラは小口切りにする。セロリ、長ねぎ、にんにく、しょうがはみじん切りにする。花椒は砕く。bを混ぜ合わせる。

④ フライパンにごま油を熱し、にんにく、しょうがを中火で炒める。香りが出てきたらセロリ、長ねぎを入れ、油が回ったらbを加える。とろみがついたらニラを加えて火を止める。花椒とラー油を加えて混ぜる。

⑤ 鍋に湯を沸かし、②の豚肉をサッと茹でる。

⑥ 器に⑤、①の順に盛り、④をかける。

SHIMPEI'S POINT

*¹ 薄くスライスした大根を合わせることで、麻辣ソースをかけてもあっさり食べることができる。

*² 豚肉が水分をまとっているうちに片栗粉をまぶすことで、茹でても肉がかたくならず、やわらかい食感に仕上がる。

069

AUTUMN 590　　　　2019.09.29 OA

ホットプレートで作るチーズ料理
ピーマンとチーズの豚ロース焼き／イワシのチーズ焼き
きのこチーズリゾット

TAICHI'S COMMENT
ピーマンの豚ロース焼きは
ピーマンの食感が残っていて美味しい！
イワシは魚の旨味とチーズの
コクが相性抜群です。
リゾットはきのこの風味が
生きています。

photo by TAICHI

洋 肉 ピーマンとチーズの豚ロース焼き

材料（2人分）

ピーマン：3個
ピザ用チーズ：60g
豚ロース肉（しゃぶしゃぶ
用）：12枚（250g）

塩、黒こしょう：各適宜
オリーブ油：大さじ1
ケチャップ、マヨネーズ：
各適宜

作り方

① ピーマンは縦半分に切ってヘタと種を取り除く。中にピザ用チーズを詰める。

② 豚ロース肉を2枚ずつ互い違いになるように重ねて広げる。①の上の部分に肉を少しかぶせるように手前に折り込み、端からピーマンに巻きつける。巻き終わりを押さえてくっつける。全部で6個作る。塩、黒こしょうを振る。

③ ホットプレートを強に熱してオリーブ油をひく。②を並べ、蓋をして加熱する。様子をみて、たまに転がしながら中〜強で加熱する。全体に焼き目がついたら、好みでケチャップやマヨネーズをかける。

洋 魚 イワシのチーズ焼き

材料（2人分）

イワシ
（3枚におろしたもの）：
4尾分
塩：小さじ⅓
黒こしょう：適宜

オリーブ油：大さじ1
にんにく（みじん切り）：
1片分
ピザ用チーズ：80g
パセリ（みじん切り）：適宜

作り方

① イワシは身の方に塩、黒こしょうを振る。

② ホットプレートを強に熱してオリーブ油をひき、イワシを皮を下にして並べて焼く。焼き目がついたら裏返して両面を焼く。上ににんにくを散らし、イワシとイワシの間や端にピザ用チーズをかける。蓋をして加熱する。チーズが溶けたらパセリ、黒こしょうを振る。

伊 飯 きのこチーズリゾット

材料（2人分）

しめじ：1パック
平茸：1パック
a 牛乳：400cc
　水：200cc
　コンソメ（顆粒）：
　1袋（5g）

バター：15g
にんにく（みじん切り）：
1片分
ごはん：400g
塩：小さじ½
黒こしょう：適宜
ピザ用チーズ：70g

作り方

① しめじは石づきを落として小房に分ける。平茸は小房に分ける。aを混ぜ合わせる。

② ホットプレートを強に熱してバターを溶かし、にんにくを炒める。香りが出てきたら、しめじと平茸を加えて炒める。きのこに油が回ったらaを加え、沸いたらごはんを加えてザッとほぐしながら加熱する。水分が飛んできたら、塩、黒こしょうを振り、ピザ用チーズを加える。チーズが溶けるまでよく混ぜ合わせる。

AUTUMN **591**　　　　　2019.10.06 OA

魚介を使ったイタリアン2品
メカジキのソテー 簡単ジェノベーゼソース
本格ペスカトーレ

TAICHI'S COMMENT
メカジキのソテーはクリーミーな
ジェノベーゼソースが絶品です！
ペスカトーレは魚介の旨味と食感が
生かされています。

伊魚 メカジキのソテー 簡単ジェノベーゼソース

材料（2人分）

- メカジキ：2切れ
- じゃがいも：1個
- オリーブ油：大さじ2
- 塩、黒こしょう、片栗粉：各適宜
- バター：5g

【ジェノベーゼソース】
- バジル（みじん切り）：1パック分（約20g）
- にんにく（みじん切り）：1片分
- 生クリーム：50cc
- 塩：小さじ¼
- 黒こしょう：適宜

作り方

① じゃがいもは皮をむき、5mm厚さの輪切りにする。

② フライパンにオリーブ油大さじ½をひき、半量の①を並べ入れて塩少々を振り、弱めの中火で両面をじっくりと焼く。火が通ったら取り出す。残りも同様に焼く。

③ メカジキは塩小さじ¼、黒こしょうを振り、片栗粉をまぶす。*1 フライパンを熱してバター、オリーブ油大さじ1を加える。*2 メカジキを並べて入れ、強めの中火で両面を焼く。火が通ったら取り出す。

④ ジェノベーゼソースを作る。③のフライパンにバジル、にんにくを加えて炒め、香りが出てきたら生クリーム、塩、黒こしょうを加えて少し煮詰める。

⑤ 器に②、③を盛り、④をかける。

SHIMPEI'S POINT

*1 メカジキに片栗粉をまぶすことで、口当たりが良くなり、バターとのからみも良くなる。

*2 バターだけでなくオリーブ油を加えることで香りがほんのり立ち、美味しく仕上がる。

伊麺 本格ペスカトーレ

材料（2人分）

- エビ：150g
- イカ（胴を1cm幅に切ったもの）：100g
- 塩、黒こしょう、オリーブ油：各適宜
- にんにく（みじん切り）：1片分
- アサリ（砂抜き済み）：150g

a ┌ トマト缶（ダイスカット）：1缶（400g）
　├ 水：50cc
　└ 白ワイン：大さじ1

- 赤唐辛子：2本
- スパゲッティーニ：200g
- イタリアンパセリ（みじん切り）：適宜

作り方

① エビは尾を残して殻をむく。尾の黒い部分を取り除いて背開きにし、背ワタを取り除く。エビとイカは塩小さじ⅓、黒こしょうで下味をつける。

② フライパンを熱してオリーブ油大さじ1をひき、にんにくを弱火で炒める。香りが出てきたらアサリを加えて中火で炒め、油が回ったらa、半分にちぎった赤唐辛子を種ごと加え、蓋をして中火で煮詰める。

③ アサリの口が開いたらオリーブ油大さじ½、塩小さじ½を加えて混ぜ、火を止める。

④ 別のフライパンを熱してオリーブ油大さじ1をひき、①を入れて強めの中火で炒める。エビに8割くらい火が通ったら、③に加えて弱火で一煮する。塩適宜で味をととのえる。

⑤ 鍋に湯（分量外）を沸かして塩、オリーブ油各適宜を加え、袋の表示時間通りにスパゲッティーニを茹でる。

⑥ ⑤の茹で汁をきって④に加え、ザッと和える。器に盛り、イタリアンパセリを散らす。

SHIMPEI'S POINT

魚介に火を通しすぎないことで、食感を生かした仕上がりになる。

AUTUMN 592

2019.10.13 OA

サバ缶を使った料理3品
サバ缶のカレーうどん／サバ缶のクリームコロッケ／サバ缶のオープンサンド

TAICHI'S COMMENT
カレーうどんはサバのだしが効いています。
コロッケはおつまみにもピッタリ！
オープンサンドはヨーグルトの
酸味が良いアクセントです。

photo by TAICHI

和 麺　サバ缶のカレーうどん

材料（2人分）

- サバ缶（水煮）：1缶（200g）
- 湯：1000cc
- 鶏がらスープの素（半練り）：小さじ1½
- 酒：大さじ2
- うどん：2玉
- 青じそ（千切り）、長ねぎ（小口切り）、ブロッコリースプラウト：各適宜

a
- ガラムマサラ、コリアンダー：各小さじ1
- ナツメグ、クミン：各小さじ½
- カレー粉：大さじ2
- 麺つゆ（3倍濃縮）：大さじ3
- 塩：小さじ½

b
- 片栗粉、水：各大さじ1

作り方

① 鍋に湯、鶏がらスープの素、酒を入れて中火にかける。沸いたらサバ缶をほぐしながら缶汁ごと加え、5分程煮る。アクが出てきたら取り除く。

② aを加えて全体がなじんだら、よく混ぜ合わせたbを加えてとろみをつける。

③ 別の鍋でうどんを袋の表示時間通りに茹で、ザルに上げて水気をきる。

④ ③を器に盛り、②をかける。青じそ、長ねぎ、ブロッコリースプラウトをのせる。

洋 魚 サバ缶のクリームコロッケ

材料（20個分）

- サバ缶（水煮）：1缶（200g）
- じゃがいも：500g
- 玉ねぎ：50g
- バター：10g
- パン粉（細かめ）、揚げ油、キャベツ（千切り）、レモン（くし形切り）、中濃ソース：各適宜

a
- 生クリーム：大さじ3
- 塩：小さじ1/3
- 黒こしょう：適宜

タイム：1枝

b
- 卵：1個
- 薄力粉：大さじ3
- 水：大さじ1/2

作り方

① じゃがいもは皮をむいて半分に切り、水（分量外）から茹でる。竹串がスッと通ったら茹で汁を捨て、再び強火にかけて水分をしっかりと飛ばす。**熱いうちにボウルに移し、みじん切りにした玉ねぎ、バターを加え、マッシャー等で潰す。**[*1] a、葉のみをこそげたタイムを加えてよく混ぜ合わせる。

② サバ缶の缶汁をきって①に加え、ほぐすように混ぜ合わせる。**バット等に移し、粗熱が取れたら、冷蔵庫で冷やしかためる。**[*2]

③ 別のバット等にbを混ぜ合わせる。

④ ②を20等分に分け、小判形に成形する。③をからめて、パン粉をまぶす。

⑤ 180℃に熱した揚げ油に④を入れ、きつね色になるまで揚げる。器に盛ってキャベツ、レモンを添え、好みで中濃ソースをかける。

*1 じゃがいもが熱いうちに玉ねぎと合わせることで、玉ねぎの辛みを飛ばすことができる。

*2 タネを十分に冷やすことで成形しやすくなり、さらに衣がつきやすくなる。

洋 魚 サバ缶のオープンサンド

材料（2人分）

- サバ缶（水煮）：1缶（200g）
- 食パン（8枚切り）：2枚
- バター：適宜
- 黒こしょう：適宜

a
- **プレーンヨーグルト（酸味のあるもの）：大さじ3**
- レモン汁：小さじ1
- 塩：小さじ1/3
- 青ねぎ（小口切り）：4本分（約8g）
- にんにく（みじん切り）：1片分

作り方

① 食パンはこんがりと焼き色がつくまでトーストし、バターを塗る。

② ボウルに缶汁をきったサバ缶をほぐしながら入れる。aを加えてよく混ぜ合わせる。

③ ①に②をのせて、黒こしょうを振る。

サバ缶とヨーグルトを合わせることで、爽やかな酸味が加わりまろやかな味わいに仕上がる。

| AUTUMN 593 | 2019.10.20 OA |

定番中華料理3品
豆苗の青菜炒め／エビチリ／回鍋肉

TAICHI'S COMMENT
青菜炒めはシャキシャキとした食感が良いです。エビチリは卵と一緒に食べることでマイルドな味わいになります。回鍋肉は野菜の美味しさが引き立っていますね。

photo by TAICHI

中菜　豆苗の青菜炒め

材料（2〜3人分）

- 豆苗：2袋（250g）
- にんにく：1片
- ごま油：大さじ1
- 赤唐辛子：1本

a
- 鶏がらスープの素（半練り）：小さじ½
- 水：大さじ3½
- 紹興酒：小さじ1
- オイスターソース：小さじ½
- 片栗粉：小さじ½

作り方

① 豆苗は根を切り落とし、半分の長さに切る。ボウルにaを混ぜ合わせる。にんにくは薄切りにする。

② フライパンを強火で熱してごま油をひき、にんにく、種を取り除いた赤唐辛子を加える。にんにくの香りが立ったら豆苗を加えて強火で炒める。

③ 豆苗が少ししんなりしたらaを加えて炒め合わせる。

SHIMPEI'S POINT
豆苗の茎が完全にしんなりする前に合わせ調味料を加えて蒸気で火を通すことで、シャキシャキとした食感に仕上がる。

中 魚 エビチリ

材料（2〜3人分）

エビ：12〜13尾（約160g）
塩、黒こしょう：各適宜
片栗粉：大さじ1
a ┌ ケチャップ：大さじ2
　│ オイスターソース、
　│ 砂糖、豆板醤：
　│ 各小さじ½
　│ 水：大さじ3
　│ 紹興酒、みりん：
　└ 各大さじ½

長ねぎ：10cm
卵：2個
ごま油：適宜
にんにく、しょうが（各みじん切り）：各1片分
レタス（千切り）：適宜

作り方

① エビは尾を残して殻をむき、背開きにして背ワタを取り除く。塩小さじ¼、黒こしょうで下味をつけ、片栗粉をまぶす。ボウルにaを混ぜ合わせる。長ねぎはみじん切りにする。

② ボウルに卵を溶きほぐし、塩1つまみを加えて混ぜる。

③ フライパンにごま油適宜を熱し、②を流し入れる。半熟状になるまで熱してまとめ、器に盛る。

④ フライパンにごま油大さじ1を熱し、エビを加えて強めの中火で炒める。返しながら両面に焼き色をつけ、中心が半生の状態でにんにく、しょうがを加える。

⑤ 香りが立ったらaを加えて炒め合わせ、長ねぎを加えて一混ぜして火を止める。

⑥ ③の上にレタスをのせ、⑤を盛る。

SHIMPEI'S POINT
エビの中心が半生の状態で合わせ調味料を加えて蒸気で火を通すことで、エビの食感がプリプリに仕上がる。

中 肉 回鍋肉

材料（2〜3人分）

豚バラ薄切り肉：250g
塩：小さじ⅓
黒こしょう：適宜
キャベツ：¼個（350g）
ピーマン：3個（100g）
にんじん：5cm（70g）
しょうが：大1片

a ┌ 甜麺醤：大さじ3
　│ しょうゆ：大さじ1
　│ オイスターソース、
　│ 紹興酒、豆板醤：
　└ 各小さじ1
ごま油：大さじ2

作り方

① 豚バラ薄切り肉は大きめの一口大に切ってほぐし、塩、黒こしょうを振る。キャベツは大きめの一口大にちぎる。ピーマンは1.5cm幅で縦に切り、にんじんは短冊切りにする。しょうがは皮つきのまま縦5mm厚さに切る。aを混ぜ合わせる。

② フライパンを熱し、油をひかずに豚肉を並べ入れて強火で炒める。火が通ったら取り出す。

③ フライパンにごま油大さじ½をひき、にんじん、ピーマンの順に炒める。半分くらい火が通ったら取り出す。

④ フライパンにごま油大さじ1½を足し、しょうがを炒める。香りが出てきたらキャベツを加え、強火で炒める。キャベツに8割程火が通ったら②、③を加えてザッと炒め、aを加えて炒め合わせる。

SHIMPEI'S POINT
食材によって火の通し方を変え、最後に炒め合わせることで、ベストな食感に仕上がる。

47都道府県ご当地ごはん 第8弾 茨城県編

photo by TAICHI

AUTUMN 594　　　　　　　　　　2019.10.27 OA

心平流スタミナラーメン
納豆トンカツ

★スタミナラーメンとは？
レバーやかぼちゃ、キャベツなどの具材を入れた甘辛いあんを麺にからめて食べる、茨城県のご当地ラーメン。熱々のあんに冷たい麺を合わせるのが人気。

★納豆トンカツとは？
豚肉に納豆を挟んで揚げる、茨城県中部のB級グルメ。洋食店のまかないとして食べられていたところ美味しいと評判になり、メニューとして提供されるようになった。

TAICHI'S COMMENT

ラーメンは、程良い濃厚さ。
酢と七味を加えることで、
味の変化を楽しめますね。
納豆トンカツは、納豆の美味しさが
最大限に生かされています！

中 麺 心平流スタミナラーメン

材料（2人分）

中華麺（太麺）：2玉
豚レバー：150g
a ┌ しょうが
　│　（すりおろし）：1片分
　│ しょうゆ：大さじ2
　└ 酒：大さじ1
キャベツ：1/8個（250g）
にんじん：4cm（40g）
かぼちゃ：1/8個（70g）
にんにく：1片
サラダ油：大さじ2
ごま油：大さじ1 1/2

b ┌ 水：500cc
　│ しょうゆ：大さじ3
　│ 酒：大さじ2
　│ 片栗粉：大さじ1 1/2
　│ みりん、
　│ オイスターソース：
　│ 各大さじ1
　│ 鶏がらスープの素
　│ （半練り）、砂糖：
　└ 各大さじ1/2
片栗粉、酢、七味唐辛子：
各適宜

作り方

① 豚レバーは洗って水気を拭き、5mm厚さに切ってから縦に棒状に切る。ボウルに入れ、aを加えてもみ込み、30分漬ける。汁気をきって片栗粉をまぶす。

② キャベツは芯を切り落とし、大きめの一口大にちぎる。にんじんは短冊切りにする。かぼちゃは皮つきのまま縦7mm厚さに切る。にんにくは横薄切りにする。

③ フライパンを熱してサラダ油をひき、①を入れて強火で揚げ焼きにする。色が変わってカリッとしてきたら取り出す。

④ ③のフライパンにかぼちゃを入れ、強火で炒める。2/3程度火が通ったらごま油を足し、にんにく、にんじん、キャベツを加えて炒める。油が回ったら③の豚レバーを戻し、よく混ぜ合わせたbを加えて3〜4分煮る。

⑤ 中華麺は袋の表示時間通りに茹で、ザルに上げて流水でよく洗う。水気をきって器に盛り、④をかける。好みで酢や七味唐辛子を加える。

豚レバーに片栗粉をまぶして揚げ焼きにすることで、あんがからみやすくなり濃厚な味に仕上がる。

和 肉 納豆トンカツ

材料（2人分）

豚ロース肉
（しょうが焼き用）：
4枚（200g）
ひきわり納豆：2パック
たれ、和辛子
（納豆に付属しているもの）：
2パック分
青ねぎ：8本（30g）
パン粉（細かめ）、揚げ油：
各適宜
キャベツ（千切り）：適宜

a ┌ 卵：1個
　│ 麺つゆ（3倍濃縮）：
　│ 小さじ1
　│ 白炒りごま：小さじ1
　│ 豆板醤：小さじ1/2
　│ 塩：小さじ1/3
　└ 白こしょう：適宜
b ┌ 卵：1個
　│ 水：大さじ1
　└ 薄力粉：大さじ3

作り方

① 青ねぎは小口切りにする。

② ひきわり納豆をボウルに入れ、付属のたれ、和辛子、①を加えてよく混ぜ合わせる。

③ ②の1/4量をボウルに入れてaを加え、ふわふわになるまで空気を入れながらよく混ぜ合わせ、器に盛る。

④ 豚ロース肉は筋切りをし、塩、白こしょうを振る。2枚1組にして②の残りの半量を挟む。もう1組も同様に作る。

⑤ bを混ぜ合わせる。

⑥ ④の両面や端に⑤をまんべんなくつけ、パン粉をしっかりとまぶす。

⑦ 揚げ油を180℃に熱し、⑥を中火で揚げる。衣がかたまってきたら、たまに返しながらきつね色になるまで揚げる。食べやすい大きさに切る。

⑧ 器にキャベツ、⑦を盛る。③をかけて食べる。

豚肉は筋切りをすることで、揚げた時に肉が縮むのを防ぐ。

AUTUMN 595　　　　　2019.11.03 OA

鶏のゆずしょうがみぞれ鍋
シメのリゾット風バターごはん／長芋ポン酢やっこ

TAICHI'S COMMENT
みぞれ鍋はゆずの爽やかな酸味が
上品な味わい。
長芋ポン酢やっこは
長芋の食感が程良い
アクセントになっています。

photo by TAICHI

和鍋 鶏のゆずしょうがみぞれ鍋

材料（2～4人分）

鶏むね肉：1枚（300g）
水：800cc
かつお節：20～30g
ゆず：1個
水菜：½束
しいたけ：6個
大根：¼本（240g）
しょうが：50g

酒：大さじ2
みりん：大さじ1
塩：大さじ½

【鶏つくね】
鶏ももひき肉：250g
長ねぎ：30g
青唐辛子：2本
a ┃ 卵：1個
　┃ 薄力粉：大さじ1
　┃ 塩：小さじ½

作り方

① 鍋に水を入れて火にかけ、沸騰したらかつお節を加えて2～3分程弱火で煮出して火を止める。粗熱が取れたらザルでこし、だしがらを絞る。

② 鶏むね肉は薄いそぎ切りにして、器に盛る。

③ ゆずは皮の黄色い部分を薄くむき、千切りにする。果肉は輪切りにして種を取り除き、果汁を搾る。水菜は5cm長さに切る。しいたけは縦5mm厚さに切る。大根、しょうがはそれぞれすりおろす。

④ 鶏つくねを作る。長ねぎ、青唐辛子はみじん切りにしてボウルに入れ、鶏ももひき肉、aを加えてよく混ぜ合わせる。

⑤ 土鍋に①を入れて火にかけ、沸いてきたら④をスプーンで一口大にまとめて加える。酒、みりんを加えて5～6分煮る。アクが出てきたら取り除く。

⑥ 土鍋にしいたけ、しょうが、ゆずの果汁、塩を加えて混ぜ、一煮する。軽く汁気を絞った大根おろしを加え、混ぜてから水菜を加える。ゆずの皮適宜を散らす。鶏むね肉を加えて火が通ったら、汁ごと器に取って食べる。

SHIMPEI'S POINT
ゆずの皮をむいてから果汁を搾ることで、えぐみが抑えられて香り高く仕上がる。

和飯 シメのリゾット風バターごはん

材料（2～4人分）

鶏のゆずしょうがみぞれ鍋のスープ（残り）：適宜
温かいごはん：250g
バター：10g

作り方

❶ ボウルにごはん、バターを加えて、さっくりと混ぜる。
❷ 鶏のゆずしょうがみぞれ鍋のスープに①を加え、一煮する。

和肴 長芋ポン酢やっこ

日本酒によく合う！

材料（2人分）

豆腐（絹）：1丁
長芋（皮をむいたもの）：100g
青じそ：10枚
ごま油、ポン酢：各適宜

作り方

① 豆腐は水気を拭いて4等分に切る。長芋はスライサーで千切りにする。青じそはみじん切りにする。

② 器に豆腐を盛って長芋をのせ、ごま油、ポン酢、青じそをかける。

SHIMPEI'S POINT
長芋の食感を少し残すことで、豆腐との相性が良くなり美味しく仕上がる。

AUTUMN 596　　2019.11.10 OA

砂肝の花椒揚げ
豚の花椒角煮／辣白菜(ラーバーツァイ)

TAICHI'S COMMENT
砂肝は卵をからめることで新食感に仕上がっています。角煮はおつまみにもオススメ！辣白菜はごま油が効いていて、漬物とはまた違う美味しさです。

男のロマンシリーズ！ 第22弾「花椒」

photo by TAICHI

中 肉　砂肝の花椒揚げ

材料（2人分）

- 砂肝：200g
- 塩：小さじ⅓
- 白こしょう：適宜
- 花椒：小さじ1½
- 青ねぎ（小口切り）：25g
- a 卵：1個
- 　薄力粉：大さじ2
- ごま油：大さじ3
- レタス（細切り）、レモン（くし形切り）：各適宜

作り方

① 砂肝は平らな面に半分の深さまで切り込みを入れ、切れ目側を肉たたき等でたたいて、塩、白こしょうを振る。花椒はする。

② ボウルにaを入れて混ぜる。青ねぎ、花椒の半量を加えて混ぜ、砂肝を加えてからめる。

③ フライパンを熱してごま油をひき、②を入れて中火でじっくり揚げ焼きにする。火が通ったら器に盛り、残りの花椒をかける。レタス、レモンを添える。

中 肉 豚の花椒角煮

材料（2〜3人分）

豚肩ロースかたまり肉：400g
花椒：小さじ2
塩：小さじ⅓
片栗粉：適宜
大根：10cm（400g）
しょうが：1片
ごま油：大さじ½
水：600cc
紹興酒：大さじ½
赤唐辛子：2本
しょうゆ：大さじ3
オイスターソース：大さじ2
砂糖：大さじ1

作り方

① 豚肩ロースかたまり肉は5cm角に切り、塩を振って片栗粉をまぶす。花椒はする。大根は皮をむき、3cm厚さのいちょう切りにする。しょうがは皮をむいて薄切りにする。

② フライパンを熱してごま油をひき、豚肉を全面に焼き目がつくように中火で焼く。焼き目がついたら鍋に移し、水、紹興酒、しょうがを加えて強火にかける。沸いてきたら少しずらして蓋をし、中弱火で15分煮る。蓋をしっかりしてさらに15分煮る。

③ ②に赤唐辛子をちぎって種ごと加え、しょうゆ、オイスターソース、砂糖を加える。大根を加え、再び沸いてきたら、少しずらして蓋をし、中弱火で15分煮る。蓋をしっかりしてさらに15分煮る。

④ 花椒を加え、蓋を外して5分煮る。

SHIMPEI'S POINT 豚肉に片栗粉をつけて焼いてから煮込むことで後から加える花椒の風味が染み込みやすくなる。

中 菜 辣白菜（ラーパーツァイ）

材料（2〜3人分）

白菜：¼個（520g）
花椒：小さじ1
赤唐辛子：1本
塩：小さじ1
ごま油：適宜
糸唐辛子：適宜

a ┃ しょうが（すりおろし）：1片分
　┃ しょうゆ：大さじ4
　┃ すし酢：大さじ3
　┃ みりん：大さじ2
　┃ 紹興酒、砂糖：各大さじ½

作り方

① 白菜は根元を切り落とし、長さ4〜5等分に切ってから3cm幅に切る。ボウルに入れて塩を振ってもみ込み、30分以上置く。花椒はする。

② ①の白菜の汁気を絞って密閉袋に入れ、a、花椒、赤唐辛子をちぎって種ごと加える。袋の空気を抜き、しっかりと口を閉じる。よくもみ込み、一晩漬ける。

③ ②を器に盛って、熱したごま油をかけ、糸唐辛子をのせる。

SHIMPEI'S POINT 白菜は塩もみをして水分を抜くことで、味が染み込みやすくなる。

#598より

太一こだわりのキャンプグッズを紹介!

男のロマンとこだわりが詰まった、私物紹介シリーズ第4弾!
今回は、太一こだわりの"キャンプグッズ"。
細かいところに手間をかける楽しみを追求する逸品を紹介しました。

① 収納ボックス

蓋がテーブルとしても使える収納ボックス。「コーヒーを飲む時などに使っています。道具や豆がスマートに出し入れできて、とても便利!」

② 斧と薪割り台

今の時代、キャンプ場ではあまり見かけない重厚感のあるアイテム。「あえて手間をかけることがキャンプの醍醐味ですよね。写真にも映えますよ!」

③ ランタン

今年(2019年)の誕生日プレゼントとして心平から贈られたというランタン。「仕組みが複雑で使いこなせない…。うまく点けられるように練習中です」

WINTER

男子ごはんの冬。

#597 豚肩ロースの塩釜焼／刺身の燻製
#598 オイルサーディンのオムレツごはん／プデチゲ
　　　やっぱり我慢できない！（絶品アヒージョ）
#599 栗原家の牛ごぼう／豚巻きれんこんもち
　　　カブと手羽先の甘酢煮
#600 トマチー餃子／イタリアンチャーハン
#601 冬の和定食
#603 男子ごはん in スペイン
#605 チキンカツカレー
#606 冬のおつまみ3種
#607 鶏とつまみ菜のとろみうどん
　　　しいたけと豚の豆乳ラーメン
　　　辛子あんぶっかけそば
#608 トマトしょうゆ鍋
#609 中華点心3種
#610 心平流えびめし／チーズデミグラスカツ丼

WINTER **597**　　　2019.11.17 OA

豚肩ロースの塩釜焼
刺身の燻製

A-sukeさん
レシピ

TAICHI'S COMMENT
男前なBBQにオススメのレシピ。
塩釜焼は、豚肉の旨味が
ぎゅっと凝縮されています。
刺身の燻製は、燻した香りと
魚の相性が完璧ですね。

GUEST アウトドアスペシャリスト A-suke

photo by TAICHI

洋 肉 豚肩ロースの塩釜焼

材料（4人分）

豚肩ロースかたまり肉：500g
塩：1000g
卵白：2個分
黒こしょう：適宜
ローズマリー：3本
バルサミコ酢：適宜

作り方

① ボウルに塩と卵白を入れてクリーム状になるまで混ぜ合わせる。

② 豚肩ロースかたまり肉は、黒こしょうで下味をつける。

③ ダッチオーブンの底にアルミホイルを敷いて、その上に①の⅓を均等になるように入れる。ローズマリー2本、②、ローズマリー1本の順に置いてから、残りの①をドーム状にのせる。

④ ダッチオーブンに蓋をして炭火焼きにする。蓋の上に炭を全体の6割くらいのせて、30〜40分程度火にかける。

⑤ 小鍋にバルサミコ酢を入れ、5〜10分中火で煮詰める。

⑥ ④を割って豚肉を取り出し、食べやすい大きさに切って器に盛る。⑤を添える。

A-suke'S POINT

ダッチオーブンの底にアルミホイルを敷くことで、後片付けが楽になる。

和 魚 刺身の燻製

材料（2人分）

サーモン、鯛、大トロ（刺身用）：各1さく
桜チップ：5g

【カルパッチョ】
岩塩、黒こしょう：各適宜
オリーブ油：適宜
ベビーリーフ：適宜

【刺身丼】
温かいごはん：適宜
しょうゆ、わさび：各適宜

作り方

① 燻製器に桜チップを入れる。網の上にサーモン、鯛、大トロを並べる。アルミホイルで器を作り、オリーブ油を入れて網の上にのせる。強火にかけ、煙が出てきたら蓋をして2分燻す。さくを取り出し、クーラーボックスで冷やす。再び燻製器に蓋をして、オリーブ油のみさらに3分燻して取り出し、粗熱を取る。

② 冷やしたさくは、食べやすい大きさに切る。

③ カルパッチョを作る。②の半量を器に盛る。岩塩、黒こしょうを振り、①のオリーブ油を回しかける。ベビーリーフを添える。

④ 刺身丼を作る。器にごはんを盛り、②の半量を盛る。しょうゆ、わさびをつけて食べる。

A-suke'S POINT

刺身はさくのまま燻すことで、中まで熱を加えることなく、燻製の風味だけをまとわせることができる。

WINTER 598 2019.11.24 OA

オイルサーディンのオムレツごはん
プデチゲ
やっぱり我慢できない！（絶品アヒージョ）

TAICHI'S COMMENT
メスティンを活用した2品は、どれも手軽に作れてアウトドアには もってこいのレシピですね！ キャンプに一つ持っていけば、料理のバリエーションが広がります。

photo by TAICHI

★メスティンとは？
スウェーデン発祥のアルミ製飯ごう。炊く、蒸す、煮る、炒める、と様々な調理方法に対応可能で、アウトドア業界で注目の調理器具。

洋飯 オイルサーディンのオムレツごはん

材料（2〜3人分）

- 米：2合
- a
  - 水：360cc
  - コンソメ（顆粒）：1袋（5g）
  - 塩：小さじ½
- オイルサーディン缶：1缶
- トマト：1個
- 卵：3個
- にんにく（粗みじん切り）：1片分
- b
  - ナンプラー：小さじ1
  - 塩：小さじ¼
  - 白こしょう：適宜
- パルミジャーノ：5g

作り方

① 米は洗って水気をきり、メスティンに入れる。aを混ぜ合わせてから加える。オイルサーディン缶は少し油をきってから加える。蓋をして強火にかけ、フツフツしてきたら弱火にして、15分加熱する。

② トマトは1.5cm角に切る。ボウルに卵を溶き、トマト、にんにく、b、すりおろしたパルミジャーノを加えてよく混ぜ合わせる。

③ ①の蓋を開けて②を流し入れる。再び蓋をして弱火で5分加熱する。

④ 卵液がかたまったら火からおろし、ほぐしながら混ぜ合わせる。

韓鍋 プデチゲ

材料（2〜3人分）

- 豚切り落とし肉：100g
- チンゲン菜：50g
- ニラ：2本
- ボローニャソーセージ：100g
- a
  - 水：400cc
  - 酒、みりん、しょうゆ：各大さじ1
  - 赤みそ：小さじ2
  - 鶏がらスープの素（半練り）：小さじ½
- 韓国産唐辛子：小さじ1
- キムチ：150g
- 中華麺（乾麺）：1束

作り方

① チンゲン菜は食べやすい大きさに切る。ニラは3cm長さに切り、ボローニャソーセージ、豚切り落とし肉は食べやすい大きさに切る。

② メスティンにa、韓国産唐辛子小さじ½を入れて煮立て、豚肉、キムチ、ソーセージ、チンゲン菜を入れて煮る。豚肉に火が通ったら中華麺、ニラを加えて煮る。麺に火が通ったら、残りの韓国産唐辛子を振る。

洋魚 やっぱり我慢できない！（絶品アヒージョ）

材料（2人分）

- ホタテ貝柱（生食用）：6〜8個（100g）
- エリンギ：½パック
- 舞茸：½パック
- ミニトマト：4個
- 赤唐辛子：1本
- オリーブ油：100cc
- にんにく（粗みじん切り）：1片分
- 塩：小さじ¼
- タイム：適宜
- イタリアンパセリ：適宜
- 黒こしょう：適宜

作り方

① エリンギは長さを半分に切り、食べやすい大きさにさく。舞茸はほぐす。ミニトマトはヘタを取る。赤唐辛子はヘタをちぎって種を取り除く。

② スキレットにオリーブ油、にんにく、赤唐辛子、塩、ちぎったタイムを入れて弱火にかける。にんにくが薄く色づいてきたら、エリンギ、舞茸を加えて中火で煮る。火が通ったらホタテ貝柱、ミニトマトを加えて30秒〜1分煮る。黒こしょうを振り、イタリアンパセリをちぎって散らす。

TAICHI'S POINT　スキレットを使って作ると、絶対に美味しくできる！

WINTER 599   2019.12.01 OA

栗原家の牛ごぼう／豚巻きれんこんもち カブと手羽先の甘酢煮

TAICHI'S COMMENT
牛ごぼうは、常備菜として便利です。
れんこんもちは、クセになる食感！
甘酢煮はカブのみずみずしさが
引き立っています。

和菜 栗原家の牛ごぼう

材料（2～3人分）

ごぼう：250g
牛切り落とし肉：200g

a ┃ しょうゆ：大さじ3
　 ┃ 砂糖：大さじ1½
　 ┃ 酒、みりん：各大さじ1

ごま油：大さじ1
赤唐辛子：1本

SHIMPEI'S POINT
ごぼうに火を通しすぎないことで
食感が程良く残り、美味しく仕上がる。

作り方

① ごぼうは包丁の背でこそぎながら皮をむいて5mm厚さの斜め切りにし、水に15分さらす。牛切り落とし肉は3cm幅に切る。aを混ぜ合わせる。

② フライパンを熱してごま油をひき、水気をきったごぼうを入れて強めの中火で炒める。

③ ごぼうが透き通って少し焼き目がついてきたら、牛肉、ちぎって種を取り除いた赤唐辛子を加えて炒める。肉の色が変わったらaを加えて炒め合わせる。汁気がほとんど無くなったら火を止める。

中肉 豚巻きれんこんもち

材料（2～3人分）

れんこん：400g
豚ロース肉（しゃぶしゃぶ用）：9～10枚（180～200g）
塩、黒こしょう：各適宜
a ｜ 片栗粉：大さじ1
　 ｜ 白炒りごま：小さじ2
　 ｜ 塩：小さじ1/2
b ｜ 水：大さじ1
　 ｜ しょうゆ、紹興酒、砂糖、オイスターソース：各小さじ1
　 ｜ 鶏がらスープの素（半練り）：小さじ1/3
ごま油：大さじ1
サラダ菜：適宜

作り方

① れんこんはすりおろし、軽く水気を絞ってボウルに入れ、aを加えて混ぜ合わせる。9～10等分に分けて俵形にし、それぞれ豚ロース肉で巻く。塩、黒こしょうを振る。

② bを混ぜ合わせる。

③ フライパンを熱してごま油をひき、①を並べる。蓋をして、強めの中火で焼く。たまに返しながら全面に焼き目がついて火が通ったら、②を加えて煮からめる。

④ 器にサラダ菜、③を盛ってフライパンに残ったたれをかける。

SHIMPEI'S POINT　すりおろしたれんこんは、適度に水分を残して絞ることで、もっちりとした食感に仕上がる。

和菜 カブと手羽先の甘酢煮

材料（2～3人分）

カブ：3～4個（400g）
鶏手羽先：6本
塩：小さじ1/3
a ｜ すし酢：大さじ2
　 ｜ みりん：大さじ1
　 ｜ 砂糖：小さじ2
　 ｜ 塩、ゆずこしょう：各小さじ1/2
b ｜ 片栗粉、水：各小さじ2
ごま油：小さじ1
水：400cc
酒：大さじ1
姫三つ葉：適宜

作り方

① カブは葉を切り落とし、皮をむいて縦4等分に切る。鶏手羽先は骨と骨の間に切り込みを入れ、塩を振る。a、bをそれぞれ混ぜ合わせる。

② 小さめの鍋*¹を熱してごま油をひき、手羽先を皮を下にして入れて強めの中火で焼く*²。焼き目がついたら水、酒を加えて蓋をし、弱めの中火で5分煮る。

③ カブを加えて再び蓋をし、強火で煮る。沸いてきたら弱めの中火にして5分煮る。aを加えてさらに5分煮る。

④ 再びよく混ぜ合わせたbを加えて混ぜ、とろみがつくまで一煮する。

⑤ 器に盛り、姫三つ葉をのせる。

SHIMPEI'S POINT
*¹ 小さめの鍋を使って煮ることで、少ない煮汁でも短時間でカブに味が染み込む。
*² 手羽先の皮にしっかりと焼き目をつけることで、煮込んだ際に焼き目が旨味に変化する。

WINTER 600

2019.12.08 OA

トマチー餃子 イタリアンチャーハン

TAICHI'S COMMENT
餃子はトマトのみずみずしさと肉のジューシーな旨味が絶妙なバランスで美味しい！チャーハンはトマトソースが効いていて、しっかりとイタリア風に進化しています。

photo by TAICHI

伊 肉 トマチー餃子

材料（2人分）

- トマト：1個
- マッシュルーム：2個
- 玉ねぎ：¼個
- 豚ひき肉：200g
- ピザ用チーズ：50g

a
- 片栗粉：小さじ1
- 塩：小さじ½
- 黒こしょう：たっぷり

- 餃子の皮（大判）：1袋
- 水：適宜
- オリーブ油：適宜
- レモン（くし形切り）：適宜

作り方

① トマトは1.5cm角に切る。*1

② マッシュルームは縦薄切り、玉ねぎはみじん切りにしてボウルに入れる。豚ひき肉、ピザ用チーズ、aを加えて具材を手で潰しながらよく混ぜ合わせる。

③ 餃子の皮の縁にぐるりと水をつけ、皮の片側に②、トマトをのせて包むように半分に折ってピッチリと閉じる。*2

④ フライパンに③を半量並べ、オリーブ油大さじ1を加えて強火にかける。パチパチ音がしてきたら水50ccを加え、蓋をして蒸し焼きにする。水分が無くなったら蓋を取り、裏にしっかりと焼き目がついたら、焼き目を上にして皿に取り出す。残りも同様に焼く。

⑤ 器に盛ってレモンを添える。

SHIMPEI'S POINT

*1 トマトは大きめに切ることで、ジューシーな食感になる。

*2 皮にヒダをつけずに包むことでタネが多めに入り、仕上がりにボリュームが出る。

伊飯 イタリアンチャーハン

材料（2〜3人分）

【チャーハン】
エビ：小12尾（150ｇ）
塩、黒こしょう：各適宜
アンチョビ：10ｇ
バジル：1パック（15ｇ）
玉ねぎ：¼個
にんにく：1片
黒オリーブ（種なし）：5個
オリーブ油：大さじ1½
赤唐辛子（小口切り）：小さじ1分
ごはん：400ｇ
バルサミコ酢：大さじ1

【トマトソース】
ナス：1本
マッシュルーム：2個（40ｇ）
ベーコン：2枚（30ｇ）
オリーブ油：適宜
にんにく（みじん切り）：1片分
トマト缶（ダイスカット）：1缶（400ｇ）
塩：小さじ½
黒こしょう：適宜

パルミジャーノ：適宜

作り方

① トマトソースを作る。ナスは1cm角の棒状にし、2cm長さに切る。マッシュルームは縦薄切りにする。ベーコンはみじん切りにする。

② フライパンを熱してオリーブ油大さじ1をひき、ナスを加えて強めの中火で炒める。ナスが油を吸ったら、オリーブ油小さじ1を足す。ナスに半分くらい火が通ったら、にんにく、マッシュルーム、ベーコンを加えて炒める。

③ 具材がしんなりしてきたら、トマト缶を加えて蓋をし、中火で5分煮詰める。

④ 仕上げにオリーブ油大さじ1、塩、黒こしょうを加えて混ぜ合わせる。

⑤ チャーハンを作る。エビは殻をむいて、背ワタがあれば取り除き、塩一つまみ、黒こしょうを振る。アンチョビ、バジル、玉ねぎ、にんにくはみじん切りにする。黒オリーブは輪切りにする。

⑥ フライパンを熱してオリーブ油をひき、にんにく、赤唐辛子、アンチョビを加えて強めの中火で炒める。香りが出てきたら玉ねぎを加え、油が回ったらごはんを加えて切るように炒め合わせる。ごはんに油が回ったらエビ、オリーブを加えて炒める。

⑦ エビに火が通ったら塩小さじ½、黒こしょうを振り、バジルを加えて炒め合わせる。仕上げにバルサミコ酢を鍋肌から加えて、炒め合わせる。

⑧ 器に④を敷く。お椀等に⑦を詰めて、ひっくり返して④の上に盛り、パルミジャーノを削りかける。

SHIMPEI'S POINT　バルサミコ酢を加えることで、よりイタリアンに仕上がる。

WINTER **601**   2019.12.15 OA

冬の和定食
長芋とインゲンの梅煮／塩焼きブリの混ぜごはん
カキフライ／ほうれん草と油揚げのみそ汁

TAICHI'S COMMENT
梅煮は梅の香りが口の中に広がり美味しい！
混ぜごはんは、ブリの旨味と炊き込みごはんの上品な香りが相性抜群ですね。
カキフライは食感を楽しめます。

photo by TAICHI

和菜 長芋とインゲンの梅煮

材料（2〜3人分）

- 長芋：200g
- インゲン：6本
- 塩：少々
- 梅干し：2個

a
- みりん、酒：各大さじ1
- しょうゆ：大さじ½
- 砂糖：小さじ1
- 塩：小さじ⅓
- かつおだし：200cc

作り方

① 長芋は皮をむいて、1.5cm厚さの輪切りにする。インゲンは塩を加えた熱湯で下茹でし、ヘタを取って半分に切る。梅干しは種を除いて包丁でたたく。

② 梅干し、aを鍋に入れ、中火にかける。沸いてきたら長芋を加えて、アクを取りながら2分半煮る。インゲンを加えて一煮し、火を止める。

③ 粗熱が取れたら、冷蔵庫でしっかり冷やす。

和飯 塩焼きブリの混ぜごはん

材料（2～3人分）

- 米：2合
- ブリ：2切れ
- 塩：小さじ⅓
- にんじん：¼本（50g）
- ごぼう：¼本（50g）
- a ｜ 酒、薄口しょうゆ、みりん：各大さじ1
- 　 ｜ 塩：小さじ½
- かつおだし：適宜
- 青ねぎ（小口切り）：適宜

作り方

① 米は洗ってザルに上げる。

② ブリは塩を振って15分置き、出てきた水分を拭いて魚焼きグリルでこんがりと焼く。

③ にんじんは皮をむき、みじん切りにする。ごぼうは皮をむき、みじん切りにして水にさらす。

④ 計量カップにaの材料とかつおだしを入れて350ccにする。*1

⑤ 炊飯器に①、にんじん、水気をきったごぼうを入れ、④を加えて混ぜ合わせて炊く。

⑥ ⑤が炊き上がったら、皮と骨を取り除いたブリを加えてほぐしながら混ぜ合わせる。*2

⑦ 器に盛り、青ねぎをかける。

*1 合わせ調味料は350ccに計量することで、炊飯時に野菜から水分が出てもちょうど良いかたさのごはんに炊き上がる。

*2 ブリとごはんは最後に混ぜ合わせることで、生臭さが抑えられ美味しく仕上がる。

和魚 カキフライ

材料（2人分）

- カキ（加熱用）：250g
- 片栗粉：適宜
- 塩：小さじ½
- 黒こしょう：適宜
- 薄力粉、生パン粉、揚げ油：各適宜
- 溶き卵：1個分
- キャベツ（千切り）、レモン（くし形切り）、中濃ソース：各適宜

【和風タルタルソース】
- 玉ねぎ：¼個
- 青じそ：10枚
- 茹で卵：2個
- a ｜ マヨネーズ：大さじ3½
- 　 ｜ 和辛子：小さじ½
- 　 ｜ 酢：大さじ1
- 　 ｜ 塩：小さじ⅓

作り方

① 和風タルタルソースを作る。玉ねぎ、青じそはみじん切りにする。ボウルに茹で卵を入れてフォークなどで細かくほぐし、玉ねぎ、青じそ、aを加えてよく混ぜ合わせる。

② カキは片栗粉をまぶしてやさしくもみ、流水で洗って水気を拭きとり、バットに塩、黒こしょうを振ってカキを並べ下味をつける。薄力粉、溶き卵、生パン粉の順につける。

③ 揚げ油を180℃に熱し、②を入れて、たまに返しながら中火で揚げる。

④ 器にキャベツ、レモン、③を盛って和風タルタルソースと中濃ソースを添える。

カキフライは生パン粉で揚げることで外はサクサク、中はフワフワに仕上がる。

和汁 ほうれん草と油揚げのみそ汁

材料（2人分）

- ほうれん草：½束
- 塩：少々
- 油揚げ：½枚
- かつおだし：600cc
- みそ：大さじ2～4

作り方

① ほうれん草は塩を加えた熱湯で茹でる。流水でよく洗って水気を絞り、3cm長さに切る。油揚げは1cm角に切る。

② 鍋にかつおだしを温めて、油揚げを加えて一煮する。ほうれん草を加えて一煮してみそを溶き入れる。

\ 美食の国で、絶品料理に出会う旅!! /

WINTER 603

2020.01.05 OA

男子ごはん in スペイン

男子ごはん初のヨーロッパロケを敢行！訪れたのは、美食の国として知られるスペイン。
その北東部、カタルーニャ地方は、海の幸と山の幸が豊富な地域。
さらに、昔から交通の要所であったため、様々な地域の調理法が交わった、
独特な料理が発達してきました。今回の旅の目的は、そんなカタルーニャ地方の中心都市、
バルセロナの絶品料理を"食べて学んで"日本で生かすこと。
太一＆心平はどんな料理に出会い、何を学んだのでしょうか？

まず2人は、"タパス"と呼ばれるスペインの定番小皿料理を味わうべく、国内でその数18万軒にもおよぶというバルを巡ります。

1軒目は定番タパスが食べられるお店へ。ポテトが混ぜ込まれた"チキンコロッケ"を食べた2人は「美味しい！ 今度日本でも作ろう」と早くもタパスのとりこに。

続いては、ガウディ建築が立ち並ぶグラシア通りで創作系タパスを味わいます。ミシュラン一つ星シェフプロデュースのその味は、地元の方にも人気なのだそう。

生ガキの上にレモン汁やしょうがの泡ソースと唐辛子をのせた"カキのセビーチェ風"。「酸味のバリエーションが斬新！」(心平)「これぞ創作だね！」(太一)

最後に立ち寄ったのは、"ピンチョスバル"。次々に運ばれてくる多種多様な"ピンチョス"に「いろいろな味が楽しめますね！」と舌鼓。

続いては、本格"パエリア"を堪能すべく、アシャンプラ地区へ。地中海の絶景を目にした2人は「海の幸がすごく楽しみ！」と期待値上昇中。

登場したのは、お米にこだわった人気メニュー"イカスミのパエリア"と、パエリア誕生当時のレシピで作られたソースが特徴の"バレンシア風パスタパエリア"。

「スープとお米のしっかりした食感のからみが絶妙！」と感心する心平。太一は、「Muy bueno (美味しい)!!」と思わずスペイン語が飛び出すほど大興奮。

裏TALK TIMEでは、スペインの家庭料理にも使われる食材が並ぶ"サンタ・カタリーナ市場"へ。150年の歴史を持ち、バルセロナ市民の台所として愛されています。

2人が一番衝撃を受けたのは、スペイン生ハムをそろえたお店。最上クラスの"ベジョータ"の試食をいただき「塩気と肉の旨味のバランスが絶妙！」と絶賛！

旅の締めくくりに、スペインの家庭の味・カタルーニャ料理を教わるべくやってきたのは、バルセロナから少し離れた住宅街・モレットにあるモンセオ母さんのお宅。

じゃがいもとキャベツのお好み焼き"トリンチャット"と、野菜と塩ダラのサラダ"アンパドラット"を学びました。

「夏にピッタリなあっさり食べられる料理ですね」(太一)「シンプルで絶妙な塩加減が美味しい！ とても勉強になりました」(心平)と、大満足の2人でした。

photo by TAICHI

WINTER 605　　　　　　　2020.01.19 OA

チキンカツカレー
簡単トマトスープ

TAICHI'S COMMENT
カツカレーは鶏肉のだしが
効いていて美味しい！
トマトスープはトマトの味が
しっかりと感じられ、
さっぱりと味わえる一品です。

洋飯 チキンカツカレー

材料（2人分）

鶏もも肉：1枚（300g）
塩：小さじ1/3
黒こしょう：適宜
にんにく：2片
オリーブ油：大さじ1
a ┌ 水：700cc
　├ ローリエ：1枚
　└ 白ワイン：大さじ1
カレールウ：3片（60g）
カレー粉：小さじ1
中濃ソース：大さじ1/2
温かいごはん：適宜
b ┌ 中濃ソース：大さじ2
　└ 白すりごま：大さじ1
マスタード：適宜

【フライドポテト】
じゃがいも：1個（180g）
片栗粉：大さじ1・1/2
揚げ油：適宜

【チキンカツ】
鶏むね肉：1枚（300g）
塩：小さじ1/3
白こしょう：適宜
薄力粉、溶き卵、生パン粉、
揚げ油：各適宜

作り方

① 鶏もも肉は小さめの一口大に切り、塩、黒こしょうを振る。にんにくは包丁の腹で潰す。

② フライパンを熱してオリーブ油をひき、にんにくを加える。香りが出てきたら、鶏もも肉を皮を下にして入れて強めの中火で焼く。焼き目がついたら返して両面を焼く。aを加え、沸いたら中火で10分煮る。

③ カレールウを溶き入れ、カレー粉、中濃ソースを加えて味をととのえる。

④ フライドポテトを作る。じゃがいもは皮をむいて1cm角に切る。ボウルに入れて片栗粉をまぶす。180℃に熱した揚げ油に入れて、強めの中火でカリッとするまで揚げる。

⑤ チキンカツを作る。鶏むね肉は皮を取り除き、厚みを半分に切る。塩、白こしょうを振る。薄力粉、溶き卵、生パン粉の順につける。

⑥ ④の揚げ油に、⑤を入れて中火で揚げる。衣がかたまってきたら、たまに返しながらきつね色になるまでじっくりと揚げる。食べやすい大きさに切る。

⑦ 器にごはんを盛って③をかけ、④、⑥をのせる。⑥に混ぜ合わせたb、マスタードをかける。

SHIMPEI'S POINT
鶏肉でしっかりだしをとることで、カレー全体に鶏肉の旨味が加わり美味しく仕上がる。

洋汁 簡単トマトスープ

材料（2人分）

水：500cc
トマト：1個（250g）
長ねぎ：15cm（10g）
卵：1個
鶏がらスープの素
（半練り）：小さじ1/2
酒：小さじ2
a ┌ すし酢：大さじ1
　├ 白炒りごま：小さじ1
　└ 塩：小さじ1/3
b └ 片栗粉、水：各小さじ2
黒こしょう：適宜

作り方

① 鍋に水を入れて火にかけ、沸いたらトマトを入れて湯むきをする。湯はとっておく。長ねぎは粗みじん切りにする。卵は溶く。

② ①の鍋の湯500ccに、鶏がらスープの素、酒、トマトを入れて火にかける。フツフツしてきたらトマトをスプーンなどで崩しながら全体に火が通るまで約5分煮る。

③ aを加えて一煮し、よく混ぜ合わせたbを加えて手早く混ぜながら加熱し、とろみをつける。溶き卵を菜箸に伝わらせながら加えて火を止める。

④ 器に盛って、長ねぎ、黒こしょうを振る。

WINTER 606　　2020.01.26 OA

冬のおつまみ3種
紅しょうがととろろの磯辺揚げ／ポテタラオムレツ
大根とイワシの旨煮

TAICHI'S COMMENT
磯辺揚げは大和芋と紅しょうがの相性が抜群！オムレツはクリーミーなソースとたらこの塩気が最高！旨煮はほっこりとしたやさしい味わいです。

photo by TAICHI

和肴　紅しょうがととろろの磯辺揚げ
日本酒によく合う！

材料（10個分）

大和芋：200g
かつおだし：大さじ1
薄口しょうゆ：大さじ½
塩：小さじ⅙
紅しょうが：大さじ3〜4
板海苔：10枚
揚げ油：適宜

【つけつゆ】
麺つゆ（3倍濃縮）、水：各大さじ2
大根おろし：適宜

SHIMPEI'S POINT
タネはスプーンでまとめて、大和芋が糸を引かないように海苔に挟んで揚げると、キレイに仕上がる。

作り方

① 大和芋はすりおろしてボウルに入れ、かつおだし、薄口しょうゆ、塩を加えてよく混ぜ合わせる。刻んだ紅しょうがを加えて混ぜる。

② 10等分した①をスプーンですくって板海苔1枚にのせて挟み、180℃に熱した揚げ油に入れる。

③ かたまってきたら、たまに返しながらきつね色になるまで揚げる。同様に9個作る。

④ つけつゆの全ての材料を混ぜ合わせて、器に盛る。

⑤ 器に③を盛り、④を添える。

100

洋肴 ポテタラオムレツ

🍷 白ワインによく合う！　🥃 ウイスキーによく合う！

材料（2～3人分）

じゃがいも：1個（150g）
バター：20g
ピザ用チーズ：30g
生クリーム：85cc
たらこ：1腹（50g）
塩、黒こしょう：各適宜

a ｜ 卵：2個
　｜ 生クリーム：15cc
　｜ 塩：一つまみ
　｜ 黒こしょう：適宜

作り方

① じゃがいもは皮をむいて一口大に切り、茹でる。竹串がスッと通ったら茹で汁を捨て、再び火にかけて水分を飛ばし、マッシャー等で潰す。

② フライパンにバター10gを溶かし、①、ピザ用チーズを加えて混ぜながら加熱する。チーズが溶けてきたら生クリームを加えて混ぜ合わせる。*1 火を止めて、ほぐしたたらこ、塩、黒こしょうを加えて混ぜる。

③ 別のフライパンを熱してバター10gを溶かし、よく混ぜ合わせたaを加えてゴムべらで大きく混ぜる。*2 半熟状になってきたら上に②をのせる。皿をかぶせてひっくり返し、器に盛る。

SHIMPEI'S POINT

*1 バター、チーズ、生クリームの順番で加えることで、ポテトソースにコクが出てクリーミーに仕上がる。

*2 卵はあえてムラをつけながら焼くことで、いろいろな食感を楽しめる。

和肴 大根とイワシの旨煮

🍶 焼酎によく合う！

材料（2人分）

大根：10cm（650g）
イワシ：4尾
しょうが：2片
水：250cc
酒：適宜

a ｜ しょうゆ：大さじ4
　｜ 砂糖：大さじ3
　｜ みりん：大さじ2
塩：適宜
おぼろ昆布：適宜

作り方

① 大根は皮をむき、約1.5cm厚さの半月切りにして鍋に入れ、かぶるくらいの水（分量外）、塩、酒各少々を加えて茹でる。竹串がスッと通ったら取り出す。

② イワシは腹に切り込みを入れて内臓とエラを取り出す。流水で洗って水気を拭く。しょうがは皮つきのまま薄切りにする。

③ 別の鍋に水、酒150ccを入れて火にかける。沸いてきたらa、大根を加え、クッキングシート等で落とし蓋をして10分中火で煮る。一度大根を取り出す。

④ ③の鍋にイワシ、しょうがを加える。再び落とし蓋をして6～10分煮る。器にイワシ、しょうがを盛り、煮汁を大さじ1くらいかける。

⑤ ④の残った煮汁に③の大根を加えて再び強めの中火にかけ、照りが出るまで煮からめる。④とは別の器に大根を盛って、おぼろ昆布をのせる。

SHIMPEI'S POINT

イワシはエラを取り除くことで生臭さが抑えられる。

WINTER **607**　　　2020.02.02 OA

鶏とつまみ菜のとろみうどん
しいたけと豚の豆乳ラーメン
辛子あんぶっかけそば

TAICHI'S COMMENT
とろみうどんはつまみ菜の食感を
感じられる、あっさりとした仕上がりです。
豆乳ラーメンは冬ならではの
体が温まる一品。
ぶっかけそばは、辛子と三つ葉の香りが
絶妙なバランスで美味しい！

アレンジ麺祭り 第8弾

photo by TAICHI

和 麺　鶏とつまみ菜のとろみうどん

材料（2人分）
- 冷凍うどん（細め）：2玉
- 鶏もも肉：150g
- 青唐辛子：2本
- つまみ菜：1袋（100g）
- a
  - 水：600cc
  - 酒：大さじ2
  - 鶏がらスープの素（半練り）：大さじ½
  - しょうが（薄切り）：2枚
  - 塩：小さじ½
- b
  - 片栗粉、水：各大さじ1

作り方
① 鶏もも肉は皮を取り除いて2cm角に切る。青唐辛子は種ごと小口切りにする。つまみ菜はサッと茹で、流水で洗って水気を絞り、約1cm幅に刻む。

② 鍋にa、鶏肉、青唐辛子、しょうがを入れて火にかける。沸いてきたら蓋をして強めの中火でアクを取りながら10分煮る。

③ 中火にして塩を加えて味をととのえ、よく混ぜ合わせたbを加えてとろみをつける。つまみ菜を加えてサッと混ぜる。

④ 別の鍋でうどんを袋の表示時間通りに茹でる。茹で汁をよくきって器に盛り、③をかける。

SHIMPEI'S POINT
つまみ菜は色が変わったらすぐに鍋から上げることで、食感が残り美味しく仕上がる。

中 麺　しいたけと豚の豆乳ラーメン

材料（2人分）
- 中華麺（平打ち）：2玉
- 豚こま切れ肉：100g
- 塩、黒こしょう：各適宜
- しいたけ：2個（50g）
- ごま油：小さじ1
- 豆乳（無調整）：400cc
- 鶏がらスープの素（半練り）：小さじ½

作り方
① 豚こま切れ肉は1cm幅に切り、塩2つまみ、黒こしょうを振る。しいたけは軸を取り除き、縦薄切りにする。

② 鍋を熱してごま油をひき、豚肉を強火で炒める。豚肉の色が変わったら、しいたけを加えて炒める。油が回ったら豆乳を加えて強めの中火で3分煮る。鶏がらスープの素を加えて混ぜ、味をみながら塩小さじ⅓、黒こしょうでととのえる。

③ 別の鍋で、中華麺を袋の表示時間通りに茹でる。茹で汁をよくきって器に盛り、②をかけて黒こしょうを振る。

和 麺　辛子あんぶっかけそば

材料（2人分）
- そば（乾麺）：2束（160g）
- かつおだし：300cc
- a
  - みりん、酒：各大さじ1
  - 砂糖：小さじ1
- しょうゆ：大さじ3
- b
  - 片栗粉、水：各大さじ1
- 和辛子：小さじ1
- 天かす、三つ葉（ざく切り）、青ねぎ（小口切り）：各適宜

作り方
① 鍋にかつおだしを入れて火にかけ、沸騰してきたらaを加える。フツフツしてきたら中火にして、しょうゆ、よく混ぜ合わせたbを加えてとろみをつける。火を止め、和辛子を加えて溶く。

② 別の鍋で、そばを袋の表示時間通りに茹で、ザルに上げて流水でよく洗う。熱湯につけてそばを温め、湯をきる。

③ 器に①を入れ、②を盛り、天かす、三つ葉、青ねぎをのせる。

SHIMPEI'S POINT
麺は流水でしめた後、熱湯で再び温めることで、あんと一体感が出て美味しく仕上がる。

WINTER *608*　　　2020.02.09 OA

トマトしょうゆ鍋
チョコレートプリン

TAICHI'S COMMENT
バレンタインに作ってほしい2品。
トマト鍋は、トマトの酸味が効いて
さっぱり食べられますね。
シメはチーズが濃厚で美味しい！
プリンは甘すぎない
ビターな仕上がりが最高！

photo by TAICHI

104

洋 鍋 トマトしょうゆ鍋

材料（2人分）
- 豚バラ薄切り肉：250g
- トマト：3個
- セリ：1束
- わけぎ：2本
- れんこん：150g
- ごま油：適宜
- かつおだし：1000cc

a
- しょうゆ：大さじ5
- 酒、みりん：各大さじ2
- 塩：小さじ1
- 白すりごま：大さじ4

【シメ】
- 温かいごはん：200g
- パルミジャーノ：10g
- 溶き卵：1個分
- わけぎ（小口切り）：適宜

作り方

① 豚バラ肉は長さを4等分に切る。トマトはヘタを取り除いて湯むきをし、縦4等分に切る。セリは5cm長さに切り、わけぎは小口切りにする。

② れんこんは皮をむき、5mm厚さの半月切りにする。水にさらしてアクを抜き、水気をきる。

③ フライパンを熱してごま油大さじ½をひき、れんこんの半量を並べて両面をしっかり焼く。焼き目がついたら取り出し、残りも同様に焼く（油が少なくなってきたらごま油をその都度足す）。

④ 鍋にかつおだしを入れ、沸いてきたらaを加えて煮立て、豚肉、れんこんの順に入れて一煮する。トマトを入れて少し崩しながら煮る。仕上げにセリ、わけぎをのせ、白すりごまを振る。

⑤ シメのリゾットを作る。煮汁を残した鍋にごはんを加えて煮る。煮汁が少なくなってきたら、すりおろしたパルミジャーノ、溶き卵を加えてザックリ混ぜる。わけぎを散らす。

SHIMPEI'S POINT
トマトは鍋に入れてから崩すことで、酸味が鍋全体に溶け出して美味しく仕上がる。

洋 甘 チョコレートプリン

材料（4人分）
- 板チョコレート（刻んだもの）：2枚分（100g）
- 水：大さじ2
- 粉ゼラチン：1袋（5g）
- グラニュー糖：50g
- ココアパウダー：30g
- 牛乳：300cc
- 生クリーム：100cc

【チョコレートソース】
- 板チョコレート（刻んだもの）：1枚分（50g）
- 牛乳、生クリーム：各大さじ2

作り方

① 水と粉ゼラチンを合わせてふやかす。

② ボウルにグラニュー糖、ココアパウダーを入れてよく混ぜ合わせる。

③ 鍋に牛乳を入れて火にかけ、フツフツしてきたら火を止める。①、チョコレートを加えてよく混ぜて溶かす。

④ ②に③を少しずつ加えて溶き混ぜる。ザルでこす。生クリームを加えて混ぜる。

⑤ ④のボウルを氷水にあてながら冷やし、少しとろみがついたら器に流し入れる。ラップをかけて、冷蔵庫で2～3時間冷やしかためる。

⑥ チョコレートソースを作る。小鍋にチョコレート、牛乳、生クリームを入れて火にかけ、混ぜながら煮詰める。少しとろみがついたら冷蔵庫で1時間以上しっかり冷やす。

⑦ ⑤に⑥をかける。

SHIMPEI'S POINT
牛乳が沸騰するとプリンがかたまりにくくなるので、その前に火を止める。

WINTER 609　　　2020.02.16 OA

中華点心3種
肉シュウマイ／揚げ春巻き／エビ蒸し餃子

TAICHI'S COMMENT
シュウマイは豚肉の旨味が口の中に広がります。春巻きはパリパリの皮とジューシーな具材のバランスが絶妙！餃子は青じそが全体をさっぱりとさせています。

photo by TAICHI

中 肉　肉シュウマイ

材料（3〜4人分）

豚ひき肉：250g
干ししいたけ
（水で戻したもの）：3個
玉ねぎ：1/4個（60g）
しょうが（みじん切り）：
1/2片分
シュウマイの皮：1袋
（24〜30枚）

a ｜ 片栗粉、紹興酒、砂糖、みりん、しょうゆ、オイスターソース：各小さじ1
　　塩：小さじ1/3
和辛子：適宜

作り方

① 干ししいたけ、玉ねぎはみじん切りにする。

② ボウルに豚ひき肉、①、a、しょうがを加えてよく混ぜる。

③ シュウマイの皮に②の具をティースプーン1杯程のせ、利き手と反対の手の親指と人差し指で輪っかを作った上にのせる。輪っかに押し込みながら、中指と薬指で支えつつ、包む。手のひらにのせ、側面の形も整える。

④ 蒸し器にクッキングシートを敷いて、竹串等で所々に穴を開ける。③を並べる。沸騰している鍋にのせて強火で10〜15分蒸す。

⑤ 和辛子を添える。

SHIMPEI'S POINT
豚ひき肉は他の具材と調味料を同じタイミングで混ぜ合わせることで、味がよくなじむ。

106

中 肉 揚げ春巻き

材料（3〜4人分）

- きくらげ：5g
- 干ししいたけ：2個
- 水：適宜
- 春雨：20g
- にんじん：3cm（40g）
- たけのこ（水煮）：70g
- 豚こま切れ肉：100g
- ごま油：大さじ1
- しょうが（千切り）：½片分
- 春巻きの皮（小）：10枚
- 揚げ油：適宜
- 酢、しょうゆ、和辛子：各適宜

a
- 砂糖、紹興酒：各小さじ½
- 鶏がらスープの素（半練り）：小さじ¼
- みりん：大さじ½
- しょうゆ：大さじ2
- オイスターソース：大さじ1
- 片栗粉：小さじ2
- 水：100cc

b
- 薄力粉、水：各大さじ1

作り方

① きくらげ、干ししいたけはそれぞれぬるま湯で戻す。やわらかくなったら細切りにする（干ししいたけの戻し汁はとっておく）。

② 春雨は袋の表示時間通りに茹で、茹で汁をきってざく切りにする。

③ にんじんは皮をむき、細切りにする。たけのこは細切りにする。豚肉は食べやすい大きさに切る。

④ 熱したフライパンにごま油をひき、しょうが、豚肉を入れて強火で炒める。肉の色が変わったら、にんじん、たけのこ、干ししいたけ、きくらげを加えて炒める。油が回ったらよく混ぜ合わせたa、干ししいたけの戻し汁大さじ1½、②を加えて中火で炒め合わせる。バット等に取り出して冷ます。

⑤ bをよく混ぜ合わせる。

⑥ 春巻きの皮は角を下にして広げ、手前に④を細長くのせる。手前、左右の皮で具を包むようにして折り、手前からぐるぐると巻く。巻き終わりの皮の縁に⑤を指で塗ってピッチリ閉じる。

⑦ 揚げ油を180℃に熱し、⑥を巻き終わりが下になるように入れ、中火できつね色になるまでカリッと揚げる。

⑧ 器に盛って、酢、しょうゆ、和辛子を添える。

SHIMPEI'S POINT　具材にしっかり味をつけることで、味がぼやけず美味しく仕上がる。

中 魚 エビ蒸し餃子

材料（3〜4人分）

- むきエビ：270g
- 長ねぎ：30g
- しょうが：1片
- 青じそ：10枚
- 餃子の皮（薄め、大判）：20枚

a
- 砂糖、塩：各小さじ½
- 薄口しょうゆ、酒、片栗粉：各大さじ½

b
- ごま油、酢、しょうゆ：各小さじ1
- 砂糖：小さじ½
- 豆板醤：小さじ⅓

作り方

① むきエビは洗って水気を拭き、背ワタがあれば取り除いて、木べらで潰す。長ねぎ、しょうがはみじん切りにする。青じそは縦半分に切る。

② ボウルにエビ、長ねぎ、しょうが、aを加えてよく混ぜ合わせる。

③ 餃子の皮の縁にぐるりと水をつける。青じそ、②をティースプーン1杯分のせて半分に包んでピッチリ閉じる。両端の皮の先端を手前にもってきて、水をつけてくっつける。

④ 蒸し器にクッキングシートを敷いて、竹串等で所々に穴を開ける。③を並べる。沸騰している鍋にのせて強火で10〜15分蒸す。よく混ぜ合わせたbを添える。

SHIMPEI'S POINT　エビはしっかり潰すことで、味がなじみやすくなる。

47都道府県ご当地ごはん 第9弾 岡山県編

WINTER 610

2020.02.23 OA

心平流えびめし
チーズデミグラスカツ丼

TAICHI'S COMMENT
えびめしはカレーの味と
ソースの味の相性が抜群ですね。
野菜の食感が感じられて美味しい！
カツ丼はキャベツの甘みが効いていて
さっぱりと食べられます。

和 飯 心平流えびめし

材料（2人分）
- インゲン：6本
- レタス：大3枚
- にんにく：1片
- むきエビ：150g
- 塩：小さじ⅓
- 黒こしょう：適宜
- 片栗粉：小さじ2
- ラード：大さじ1½
- 温かいごはん：400g

a
- ウスターソース：大さじ3
- オイスターソース：大さじ½
- カレー粉：小さじ2
- 砂糖：小さじ1
- 鶏がらスープの素（半練り）：小さじ½

【カラメルソース】（作りやすい分量）
砂糖：25g／水：大さじ3

★えびめしとは？
東京渋谷のカレー店で人気の看板メニューを、その店で働いていたスタッフが地元岡山に持ち帰り定着したソース焼きめし。

作り方

① カラメルソースを作る。小鍋に砂糖と水大さじ1を入れて混ぜ、中火にかける。色づいてきたら小鍋をゆすりながら濃い茶色になるまで加熱する。<u>火を止めて水大さじ2を加えて混ぜる。</u>

② インゲンは塩少々（分量外）を加えた熱湯でかために下茹でし、水にとって冷ましてから、ヘタを取って3cm長さに切る。レタスは大きめの一口大にちぎる。にんにくは薄切りにする。aを混ぜ合わせる。

③ むきエビは洗って水気を拭き、背ワタがあれば取る。塩、黒こしょうを振り、片栗粉をまぶす。

④ フライパンを熱してラード大さじ1を入れて溶かし、③を強火で炒める。色が変わったら取り出す。

⑤ ラード大さじ½を足し、にんにくを中火で炒める。少し色づいてきたらレタスを加えてザッと炒め、ごはんを加えてフライパンに焼きつけるように広げてから、ほぐしながら炒める。油が回ったらインゲンを加え、aをフライパンの脇に加えて少し加熱してから全体を炒め合わせる。全体に調味料がなじんだらエビを戻し入れ、①大さじ1を加えてザッと炒める。

SHIMPEI'S POINT
カラメルソースを少し多めの水でのばすことで、全体になじみやすくなる。

和 飯 チーズデミグラスカツ丼

材料（2人分）
- 豚ロース薄切り肉：8枚（320g）
- キャベツ：⅛個（140g）
- 塩、黒こしょう：各適宜
- ピザ用チーズ：大さじ4

a
- 卵：1個
- 薄力粉：大さじ1

- パン粉（細かめ）、揚げ油：各適宜
- 温かいごはん：2人分
- グリーンピース：適宜

【デミグラスソース】
- デミグラスソース缶：1缶
- 赤ワイン：大さじ1
- 中濃ソース、ケチャップ：各大さじ½

★デミグラスカツ丼とは？
カツ丼にデミグラスソースをかけたボリューム満点の丼。岡山市内では、「カツ丼」といえば「デミグラスカツ丼」を指す店が多く、普通のカツ丼は「卵とじカツ丼」や「カツたま丼」と呼ばれる場合がある。

作り方

① デミグラスソースを作る。小鍋にデミグラスソース缶を入れて中火にかけ、フツフツしてきたら赤ワイン、中濃ソース、ケチャップを加えて混ぜながら一煮する。

② キャベツは大きめの一口大のざく切りにし、塩少々を加えた熱湯でサッと茹でる。流水で粗熱を取って水気をきる。

③ まな板に塩、黒こしょうを敷く。豚肉を広げ、2枚1組にする。間にピザ用チーズ大さじ1を挟み、チーズがはみ出ないように肉の縁を押さえながらピッチリと閉じる。上から塩、黒こしょうを振る。残り3個も同様に作る。

④ ③によく混ぜ合わせたaをからめてパン粉をしっかりまぶす。

⑤ 揚げ油を熱して④を入れて中火で<u>揚げ焼きにする。</u>キツネ色になったら油をきって取り出し、食べやすい大きさに切る。

⑥ 器にごはんを盛り、②、⑤を順にのせる。①をかけてグリーンピースを散らす。

SHIMPEI'S POINT
揚げ油は豚肉が完全に浸らない量に調節することで、中のチーズが漏れ出すのを防ぐ効果がある。

109

12
DANSHI GOHAN ★

Welcome to Our Home Bar
男子ごはん的 おうちBARへようこそ。

飲みたいお酒を選んで、ゆっくりと流れる時間を楽しむ"家飲み"。傍らに相性抜群の手作りおつまみがあったら、それだけで家が心地いいBARのような、特別な空間になるかも——!? 今回の書籍限定企画では、お酒とおつまみをテーマに、太一と心平が本気の誌上飲み会を敢行! ちゃちゃっと短時間で作る手軽なおつまみから、じっくり煮込んで素材の旨味を引き出した鍋料理まで、心平が練りに練った珠玉のレシピを肴に、お酒が入った2人だからこその本音トークもお楽しみください!

Welcome to Our Home Bar
男子ごはん的
おうち
BARへ
ようこそ。

Cooking!

「もう乾杯しちゃおう！」
料理しながらお酒も楽しむ。
まさに"男子の家飲み"がスタート

「もう我慢できない！」（太一）、「飲んじゃいますか!?」（心平）とまずはビールで乾杯！ のっけからテンション高めの2人の前には、コトコトと湯気を立てる鍋が。和風ポトフを煮込みながらおつまみ2品を仕込んでいたら、不意に「俺、サラダも食べたいな〜！」と太一の無茶振りが発動。

114

ビールの次は、ハイボール。すだちに目を留め「心平ちゃん、コレ搾ってもいい?」と太一。果汁の風味がフレッシュな1杯が完成!

無茶振りを受けて、急きょサラダ作りを決行!「材料があまり無いんですよね…」と冷蔵庫にあるものを前に思案に暮れた心平は、長ねぎをすりおろしてドレッシングに入れることを思い付く。そのとっさのアイデアに「やっぱカッケーよ、心平ちゃん!」と太一。

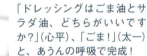

「ドレッシングはごま油とサラダ油、どちらがいいですか?」(心平)、「ごま!」(太一)と、あうんの呼吸で完成!

同時に作っていたおつまみ2品も次々とできあがり、「この味、最高! こうして味見しながらお酒も…って楽しめちゃうのが家飲みのメリットだよね~」と太一。心平の鮮やかなフライパンさばきで炒め物もスピーディーに仕上がり、キッチンには美味しい香りが立ち込める。

Cheers!

リビングに移動したら全てのおつまみがそろったぜいたくなテーブルを囲んで、本日何度目かの「乾杯！」。お酒は、心平オリジナルのすだちモヒート。一口飲むと爽やかな芳香が広がり、食欲も最高潮に。「本当に最高の食卓だと思う」（太一）「まずはどれからいきますか？」（心平）「やっぱりサラダかな～」（太一）と、色とりどりのおつまみに思わず目移り。

男子ごはん的
**おうち
BARへ
ようこそ。**

Welcome to Our Home Bar

Special Recipe

Pot-au-Feu

ゴロゴロ肉と野菜、大きめに
切った具材が食べ応え抜群。
食材の旨味が凝縮されたスープは
思わずうなる美味しさ！

和鍋 和風ポトフ

材料（3〜4人分）

豚肩ロースかたまり肉：600g
にんじん：1本
小カブ：5個
長ねぎ：1本
a ┌ かつおだし：1200cc
　├ 酒：大さじ1
　└ しょうが（薄切り）：1片分
みりん：大さじ1
塩：小さじ1

作り方

① 豚肩ロース肉は3〜4cmの角切りに、にんじんは1.5cm幅の輪切り（大きければ半月切り）にする。小カブは茎を1cm程残し、皮をむく。長ねぎは3cm長さに切る。

② 鍋にaと豚肉を入れて中強火にかける。沸いたら少しずらして蓋をし、フツフツするくらいの弱火で50分程煮る。

③ みりん、塩を入れ、一煮立ちさせてにんじんを加え、再び蓋をして煮る。

④ にんじんに火が通ったら、カブ、長ねぎを加えて煮る。

甘辛しょうゆだれや、食べるラー油を加えて"味変"も楽しめる！

甘辛しょうゆだれ

材料（作りやすい分量） 干ししいたけ：3個／昆布（5cm×10cm）：1枚／ぬるま湯：100cc／酒、みりん：各100cc／水、しょうゆ：各100cc／かつお節：12g／砂糖：大さじ½

❶ 干ししいたけ、昆布、ぬるま湯を密閉袋に入れ、空気を抜いて15分置く。干ししいたけ、昆布を取り出し、それぞれ千切りにする。❷ 小鍋に酒、みりんを入れて中火にかける。水分量が⅔程度になったら、水、しょうゆ、❶を戻し汁ごと加える。❸ 一煮立ちしたらかつお節、砂糖を加えて15分程煮立て、ザルなどでこす。

和肴 魚介の青海苔炒め

材料（作りやすい分量）

エビ：10尾
イカ（胴のみ）：1杯（約150g）
ホタテ貝柱：10個
青海苔：小さじ2
ごま油：大さじ2

塩：小さじ⅓
黒こしょう：適宜
片栗粉：適宜
a ┌ 片栗粉、水：
　└ 各小さじ1½

b ┌ 水：200cc
　├ 鶏がらスープの素（半練り）：小さじ½
　├ 酒：大さじ½
　├ 塩：小さじ⅓
　├ しょうが（みじん切り）：½片分
　└ にんにく（みじん切り）：½片分

作り方

① エビは洗って殻と尾を取り除く。背側に切り込みを入れて開き、背ワタを取る。イカは皮をむき、表面に格子状に切り込みを入れてから、横3cm縦5cmの長方形に切る。ボウルにエビ、イカ、ホタテ貝柱を入れて塩、黒こしょうを振り、片栗粉をまぶす。

② aをよく混ぜ合わせる。

③ 小鍋にbを入れて中火にかける。沸いたら再度よく混ぜた②を加えてとろみをつけ、青海苔を加えて火を止める。

④ フライパンにごま油を熱し、①を中強火で炒める。魚介類に火が通ったら③を加え、混ぜ合わせる。

⑤ 全体がなじんだら火を止めて器に盛り、青海苔（分量外）をかける。

Stir fry

食感よくサッと炒めた魚介にとろみのある青海苔味がからみ、やみつきになる味！

和肴 えのきとつまみ菜のゆずこしょうポン酢

材料（作りやすい分量）

えのき：1パック
つまみ菜：1パック
ゆずこしょう：小さじ⅓
ポン酢：大さじ1½
刻み海苔：適宜

作り方

① えのきは根元を切り落とし、沸騰した湯でサッと茹でる。冷水にとってよく洗い、水気を拭きとって長さを半分に切る。

② つまみ菜は沸騰した湯でサッと茹でて冷水にとり、水気を拭きとってざく切りにする。

③ ボウルに①、②、ゆずこしょう、ポン酢を入れてよく混ぜ合わせる。

④ 器に③を盛り、刻み海苔をかける。

Dressing

調味料2種と具材を混ぜるだけでできる！簡単なのに深い味わい

Fried Noodle

2種のメニューを組み合わせて誕生する味のケミストリー

和麺 シメの焼きそば

材料（作りやすい分量）

中華蒸し麺：2玉
＊和風ポトフ（残り）：適宜
＊魚介の青海苔炒め（残り）：適宜
青ねぎ（小口切り）：適宜
ごま油、塩、黒こしょう、食べるラー油：各適宜

作り方

① 中華蒸し麺は600Wの電子レンジで2〜3分加熱し、ほぐしておく。フライパンを熱し、麺を入れて弱火でじっくり焼きつける。カリッとして焼き目がついたら丁寧にほぐし、広げてさらに焼きつけ、焼き目がついたらもう一度ほぐす。

② 和風ポトフのスープを熱し、①をほぐしながら加える。

③ 全体がなじんだら、魚介の青海苔炒めを加えて混ぜる。さらに青ねぎを加える。

④ ごま油を回しかけ、塩、黒こしょうで味をととのえる。好みで食べるラー油をかける。

Mojito

爽快なミントの香りとほんのり"和"を感じられる特別な1杯

洋酒 すだちモヒート

材料（1杯分）

すだち：1個
砂糖：小さじ1½
ミントの葉：適宜
ホワイトラム：30cc
氷：適宜
炭酸水：120cc

作り方

① すだちは横に4等分に輪切りにする。

② グラスに①、砂糖を入れ、ペストルや小さめのすりこぎなどで潰しながら混ぜる。

③ ミントの葉を加えてさらに潰し混ぜ、ホワイトラムを加える。

④ 氷を加えて炭酸水を注ぎ、マドラーで一混ぜする。

無茶振りサラダ

太一の無茶振りで誕生したサラダ。余ったつまみ菜、ミニトマトを食べやすい大きさに刻み、手作りのドレッシングで和えた。ドレッシングはベースのごま油にすりおろした長ねぎを加えて、食べる直前に好みですだちを搾っても美味しい！ ねぎのまろやかさやフレッシュな風味もしっかりと感じられる、心平の創意工夫が詰まった一皿。「甘辛しょうゆだれ」を作った残りの、かつお節、昆布、干ししいたけを炒って作った佃煮を混ぜながら、味の変化を楽しんで。

Talking!

ほろ酔い気分でトークタイム。
家飲み術から番組の"これから"まで
たっぷりまったり語り合います！

**太一の無茶振りから誕生!?
奇跡の新メニューたち**

太：心平ちゃん、今日は俺たち一体何回"乾杯"したんだろうね…？

心：そうですね。料理しながらもずっと飲んでますからね（笑）。既に結構酔ってます！

太：あはははは！ 本の撮影中とは思えないよね（笑）。（すだちモヒートを飲みながら）これも相当ヤバイよ、口当たりがいいから、グイグイ飲んじゃう。おつまみも最高！

心：ありがとうございます。

太：僕の無茶振りで作ってくれたサラダ、まさかドレッシングから手作りしてくれるなんて。限られた材料でこの味を出せるのはさすがですよ。最初はねぎ特有の辛みを感じるのかな？と思ったけど、そんなことは全然ない。爽やかな味です。

心：特に予備の材料も無かったので、正直焦りましたよ！

太：えのきとつまみ菜の和え物はゆずこしょうが効いていて、シャキシャキ食感がアクセント。魚介の青海苔炒めは、青海苔の風味がいいよね。和風ポトフも驚いたな！ 甘辛しょうゆだれを足して味変するだけじゃなくて、他の料理を足して全く別のシメの焼きそばを作っちゃうなんて、心平ちゃんはやっぱり天才だよ。

心：太一さんは覚えてないかもしれないけど…最初に「足し算して味が変わっていく鍋料理とか、本の撮影で作ったらいいんじゃない？」って言ったのは、太一さんですよ！

太：そうらしいんだよね…でも僕はもはや自分の発言をほとんど覚えていないという（笑）。そんなリクエストを形にしてくれてありがとう！

心：僕はその話だけはしっかり覚えていて、「本の企画ではどんな料理の組み立てにしようかな？」っていうのは心の片隅にずっとあったんです。それをスルーして別の視点で"おうちBAR"をテーマに考えても良かったのかもしれないけど（笑）。でも、たまに太一さん、詳細に覚えてることがあって、完全スルーすると怒られるから（笑）。

太：怒らないよ！（笑）でもその結果、新しいレシピが誕生したから良かったじゃん！

心：そうですね。

太：俺たち、いいコンビだよね。繊細な心平ちゃんと、発言を忘れてしまうギガ数が少なめの俺（笑）。

心：あはははははは！

太：本当は料理で"足し算"ってしちゃいけないことだと思うんですよ。足すっていうことは味が濃くなるでしょう？ しかも一つの料理として完成

ていたら、その味がある種の到達点なわけじゃないですか。でも、それに何か別の料理を足して別の料理にしたいですね…って最低の行為じゃないですか!?

心：(笑)。最低の行為ですね。

太：それを今日は楽々とクリアしてしまった！ すごいよ!!

心：ありがとうございます。

太：いつも思うけど、料理全体のバランスも素晴らしいよね。一品一品は個性があって味も食感もバリエーションが豊富なのに、全体的な味の方向性に統一感があるというか。ちょっと和のテイストも感じられるけど、ワインやモヒートなど洋のお酒とも相性抜群で、料理ってあらためて奥が深いなと思いました！

**超個人的嗜好が炸裂!!
それぞれの家飲みの楽しみ方**

太：心平ちゃんは普段、家で飲むことってあるの？

心：どうしても仕事関係のお付き合いや会食が多いから、外でお酒をいただくことが多いですね。

太：僕は最近、ほぼ毎日と言っていいくらい家飲みしてるかも。今までそんなことってなかったんだけど。

心：どれぐらい飲むんですか？

太：缶ビールと、ハイボールを飲むか飲まないかくらいで、そこまで量は多くないんですよ。でも、たまに「今日は飲むぞ！」っていう日もあって。翌日がちょっと楽なスケジュールだとか。家飲みのおつまみって、あまり他人には見せられないっていうか…自分だけのひそかな楽しみで、内緒にしたい美味しさってあるよね。それは心平ちゃんも同じじゃない？

心：そうですね、めっちゃ同感します！

太：俺の場合は、柿の種かな。ひたすら食べ続けてる。塩味が強めだから、ピーナツなめるだけでもお酒が進む進む（笑）。

心：俺の場合は、家でおつまみを作ると太るんですよ。食べたいものがなんでも作れちゃうじゃないですか。

太：へー！

心："なんでも"はちょっとおこがましいかもしれないんですけど。

太：それって食材があるからでしょう？

心：はい。食材もあるし、メインをそろえたら副菜で「オムレツ食べたいな」と思っても、それも作れちゃうじゃないですか。

太：ちょっと待って！ 飲みながら「オムレツ食べたいな」って思うことあるの!?

心：ありますね。

太：えー!! 酒のおつまみでオムレツってなるんだ。意外。

心：いやいや、おつまみにオムレツ、これ最高なんですよ！

太：知らなかった。家のおつまみって塩辛とかさ、簡単に済ませるものだよ。あとは、ちゃちゃっと作れる炒め物系。でも心平ちゃんは、オムレツみたいな繊細なおつまみで飲んでるんだね。

心：オムレツをつまみにハイボール、これが合うんですよ。ケチャップだけだと味気ないから、辛くないマスタードをたっぷりかけるんです。そうすると食感がズブズブになって…美味しい！

太：すごい（笑）。食べたいってなってから作るのにどれくらいかかるんですか？

心：トータルで5分とか？

太：俺だったらその5分を我慢できないよね。キッチンに立って作って、皿に盛って…っていう過程がね。

心：案外あっという間ですよ。

太：柿の種なんて、袋からザッと出すだけだよ…10秒で終了。時々、袋をバシって開いた勢いで破裂しちゃって（柿の種が）バラバラ落ちちゃって30秒…。

心：あはははは！

太：特別な家飲みといえば、最近はしてないけどキャンドルを焚いたりね。あとは、暖かくなってきたらベランダで飲むのも最高！ キャンプで使ってるシングルバーナーを用意して、缶詰を開けて、ずーっとそれをつまみながら飲むんですよ。これは柿の種のレベルを遥かに超えて、家飲みを楽しむための演出だよね。でも、演出に手間をかけてるんじゃなくて、そんな自分に酔ってる部分もあるかも（笑）。家でシングルバーナーを出してくる俺…素敵やん？

心：あはははは！

太：もはや、ただぬぼれてるだけの話なんだけど。「うわ、バーナーに点火してる俺カッコいい、男の家飲み！」ってそれだけで1杯飲めるかも（笑）。心平ちゃんの場合はどう？

心：グラスのこだわりとかはありますけど。あとは、外でその料理が食べた

いなって思ったら、家でも作れるようにしたいんですよ。例えば焼き鳥。串を打って炭火で焼けるような台を持ってて、少し面倒ではあるんですけどたまに作りたくなる。

太：家でも焼きたくなるの？

心：はい。そこまでするのは、自分のためじゃなくて、お客様をおもてなしするためのことが多いですけどね。

太：心平ちゃんの場合は、家飲みでも人を楽しませたいっていう要素が入っているんだね。普通、家飲みの主役って自分じゃない？　完全な自己満足の世界。でも心平ちゃんはそうじゃないんだよな～。

心：家にお客様を招くことが多いからですかね。家族と一緒だったら、寡黙にずっと飲んでるだけになっちゃう、ニュース見ながら（笑）。

太：心平ちゃん家での飲み会を楽しみにしている友だち、たくさんいるんじゃない？

心：そう思っていてくれたら、すごくうれしいですね。

太：もし俺が心平ちゃんを家飲みでおもてなしするとしたら…もうシングルバーナー祭りですよ！

心：（笑）。以前、太一さんの家で飲もうって誘っていただいたことがあったじゃないですか。最高のおもてなしで、あらゆる面ですごかったですよ。気遣いが半端ないし。

太：お客様には何もさせたくない、ただ純粋に楽しんでほしいっていう思いがあって、毎回それをテーマにしている。いつもいろいろとやっていただくことが多いからたまにはお返ししたいし、お客様が主役だから。

心：家飲みって、招かれる側の礼儀っていうのもありますよね。

太：大人になってから特に意識するようになったかな。家に呼んでいただいて、何もお土産を持っていかないってないでしょう？　暗黙の了解じゃん。

心：そうですね。やっぱり気遣いは必要ですよね。

太：以前、心平ちゃん、（コウ）ケンテツさん、俺が番組スタッフさんの家に集まったことがあったんだけど、持ち寄りパーティーにしようっていう会だったんです。2人はプロだから、間違いなく最高の料理を持ってきてくれるわけじゃないですか。俺、どうしよう…ちょっといいワインとかじゃ当たり前だしなって結構悩んで。面白いことをしたいなと思って、クッキー焼いたんだよね（笑）。俺がクッキー焼くなんて、誰も想像もしないでしょ？

心：（笑）。何が起きたんだろうと思いましたよね。しかも、すごく美味しかったし。

太：なぜかめちゃめちゃうまく作れて。形も無骨だし、ひたすら手で練っただけのクッキーなんだけどね。

心：最高でした！

**放送600回を突破！
これからの『男子ごはん』とは──**

太：番組の1年間を振り返ると、たくさんの料理を紹介したなと感慨深いですね。春には新生活応援SPとか、新しい試みもありました。

心：そうでしたね。

太：ここまで長く続いている番組だからこそ、あえて初心に帰ることも必要だなと思って提案したんです。番組は見るけど実際には作らない、料理してみたいけど敷居が高いと思っている方も多いんじゃないかと。初めの一歩が重くなるというか、俺も同じ気持ちだからよく分かるんです。そういった方たちをターゲットにした企画ができたらいいなって、ずっと思っていて。

心：おかげさまで好評だったと聞いて、安心しました。

太：良かったよね、2020年もシリーズ化されるみたいだし。一方で、恒例の外で料理するキャンプ企画もあって。あとは、毎年遊びに来てくれるゲストさん。広末涼子さん、蒼井優さんの回も楽しかったなあ。

心：しかも「次は『男子ごはん』でこの料理を作ってみたいと思っていたんで

す」って、番組のことを考えてくれているのがありがたいですよね。
太：女優さんがゲストの時は、心平ちゃんがモテたくて分かりやすく美容室行きたての髪形になってますよ(笑)。そして、おかげさまで放送600回を突破して、番組初のヨーロッパロケ。スペインに行きましたね！
心：これまではアジアが中心でしたからね。スペイン料理は基本シンプルで食材そのものの良さを引き出すような作り方だから、太一さんは絶対好きですよね。
太：バルをはしごしたり、街並みも美しいし、楽しかったな。あとは…撮影後の打ち上げとホテルの部屋飲みもね。
心：太一さん、すぐ眠くなって帰っちゃうじゃないですか！
太：(笑)。いや、あらためて600回を超えたってすごいことですよ。ありがたい話です。いつも思うんだけど、心平ちゃんのレシピって、すごく繊細なんです。例えば、食材の切り方もそう。油揚げを細かく丁寧に1cm角に切ったら、口の中に入った時の具材のバランスが絶妙になって美味しくなるとか。そこまで計算し尽くされたレシピってすごいよね。
心：僕の場合は家庭料理だから、毎日食べても飽きずにホッとできる味、安心する美味しさを伝えたいです。
太：やっぱり毎日のごはんが一番大事だって実感するよ。「『男子ごはん』っていい番組ですよね」って言われることもあるんだけど、変わっていかなきゃいけない部分もあると思う。僕はいち出演者の立場だけど、新しいものを発信したいっていうのは意識しているかな。それに料理番組をお届けする以上は食育的なことも大事だな、と。俺たちが常に新しいことに取り組む挑戦者じゃないといけないよね…ってお酒のせいか、いつも以上に熱く語っちゃってる!?
心：(笑)。僕も同じ思いですよ。太一さんが打ち合わせで番組の在り方とか話してくれて、リーダーシップを取ってくれるじゃないですか。だから僕は、料理の部分でそこについていきたい。基礎に戻ろうが、複雑な新しいメニューを開発しようが、視聴者に対してどうアプローチしていくべきかっていうのを妥協せずに挑戦していきたいですね。
太：心平ちゃん、これからもよろしくね！

Cooperate／Vitra Playmountain IDÉE ACTUS PACIFIC FURNITURE SERVICE Shoji Morinaga

素材・ジャンル別INDEX

主食・メインのおかず

飯 ごはん・お米

和	肉巻きおにぎり	008
洋	みんな喜ぶ♪大人パエリア（広末涼子さんレシピ）	010
洋	サバ缶のピラフ	016
和	たこ飯	018
和	牛丼	020
和	鶏そぼろ丼	020
和	親子丼	020
中	マーボーカレー	028
和	牛カルビ丼のオレンジソースがけ	038
和	手ごね寿司	040
和	桜エビと塩昆布の和風チャーハン	042
亜	ガパオライス	050
和	じゃことニラのカリカリぶっかけ飯	054
洋	焼き鮭とクリームチーズののっけ飯	054
韓	鶏ひき肉とザーサイの即席冷やしクッパ	054
和	夏の梅肉チキンカレー	058
伊	きのこチーズリゾット	070
洋	オイルサーディンのオムレツごはん	088
伊	イタリアンチャーハン	092
和	塩焼きブリの混ぜごはん	094
洋	チキンカツカレー	098
和	心平流えびめし	108
和	チーズデミグラスカツ丼	108

鍋 鍋料理

和	夏の冷やし鍋	056
和	鶏のゆずしょうがみぞれ鍋	080
韓	プデチゲ	088
洋	トマトしょうゆ鍋	104

肉 肉料理

洋	子どもがうれしい♡パーティー プチバーガー（広末涼子さんレシピ）	010
洋	ハーブソーセージ	010
和	塩牛タン焼き	012
和	鶏肉の梅肉みぞれ煮	018
和	豚のしょうが焼き	026
和	肉野菜炒め	026
韓	豚キムチ炒め	026
洋	スイートチリチキンカツバーガー	030
洋	テリヤキ月見バーガー	030
中	枝豆と高菜のジューシー餃子	042
洋	豪快ミートボール	044
洋	豚バラ肉のかたまり焼き（風森美絵さんレシピ）	046
和	みょうがの肉巻き	048
和	和風きのこハンバーグ	064
洋	ピーマンとチーズの豚ロース焼き	070
中	回鍋肉	076
和	納豆トンカツ	078
中	砂肝の花椒揚げ	082
中	豚の花椒角煮	082
洋	豚肩ロースの塩釜焼（A-sukeさんレシピ）	086
中	豚巻きれんこんもち	090
伊	トマチー餃子	092
中	肉シュウマイ	106
中	揚げ春巻き	106

麺 麺・パスタ

中	辛麺	008
伊	イワシ缶のラザニア	016
和	豚と小松菜の和風しょうゆパスタ	022
伊	カルボナーラ	022
洋	ミートソース	022
伊	トマトのカッペリーニ風冷やし中華	034
中	豆乳煮干し冷やし中華	034
中	黒酢冷やし中華	034
和	亀山みそ焼きうどん	040
和	塩レモン焼きそば	044
洋	鯛とディルの冷製そうめん	060
和	ニラと桜エビの混ぜそうめん	060
伊	本格ペスカトーレ	072
和	サバ缶のカレーうどん	074
中	心平流スタミナラーメン	078
和	鶏とつまみ菜のとろみうどん	102
中	しいたけと豚の豆乳ラーメン	102
和	辛子あんぶっかけそば	102

菜 野菜料理

洋	サバ缶のポテトサラダ	016
伊	浅漬けカポナータ	048
和	ナスの冷やし麺風 香味だれ	048
中	豆苗の青菜炒め	076
中	辣白菜（ラーバーツァイ）	082
和	栗原家の牛ごぼう	090
和	カブと手羽先の甘酢煮	090

魚 魚介料理

- 和 サバのみそ煮 ………… 024
- 和 メカジキの照り焼き ………… 024
- 和 アジフライ ………… 024
- 洋 もう我慢できない！（絶品アヒージョ）（太一レシピ）………… 044
- 洋 鯛とハーブのオーブン蒸し（風森美絵さんレシピ）………… 046
- 和 エビと鶏ひきしんじょうのそうめん揚げ ………… 060
- 和 鮭のフライ和風タルタル ………… 066
- 洋 イワシのチーズ焼き ………… 070
- 伊 メカジキのソテー 簡単ジェノベーゼソース ………… 072
- 洋 サバ缶のクリームコロッケ ………… 074
- 洋 サバ缶のオープンサンド ………… 074
- 中 エビチリ ………… 076
- 和 刺身の燻製（A-sukeさんレシピ）………… 086
- 洋 やっぱり我慢できない！（絶品アヒージョ）（太一レシピ）………… 088
- 和 カキフライ ………… 094
- 中 エビ蒸し餃子 ………… 106

付合せ・小さいおかず

飯 ごはん・お米

- 和 だし茶漬け ………… 040
- 洋 トマトライス ………… 044
- 和 シメのリゾット風バターごはん ………… 080

麺 麺・パスタ

- 和 シメのそば ………… 036

肉 肉料理

- 和 砂肝のとろろポン酢 ………… 038

菜 野菜料理

- 和 きゅうりの白みそ和え ………… 012
- 和 ナスの南蛮みそ ………… 012
- 和 新じゃがのしょうゆバターがらめ ………… 018
- 亜 エリンギのエスニックニラソース ………… 028
- 洋 青海苔一味フライドポテト ………… 030
- 洋 オニオンリングフライ ………… 030
- 和 ナスとししとうのおろしポン酢和え ………… 066
- 和 長芋とインゲンの梅煮 ………… 094

汁 汁物・スープ

- 和 牛肉のテールスープ風 ………… 012
- 和 菜の花と油揚げのみそ汁 ………… 018
- 和 オクラとしょうがのスープ ………… 038
- 亜 トムカーガイ ………… 050
- 和 ナスの梅肉スープ ………… 058
- 和 きのこの白こしょうスープ ………… 064
- 和 れんこんのお吸い物 ………… 066
- 和 ほうれん草と油揚げのみそ汁 ………… 094
- 洋 簡単トマトスープ ………… 098

豆 豆腐料理

- 和 揚げ出し豆腐 ………… 012

甘 おやつ

- 洋 丸ごとりんごのシナモンケーキ（風森美絵さんレシピ）………… 046
- 洋 チョコレートプリン ………… 104

おつまみ

肴 SPRING

- 洋 ホンビノス貝のレモンウイスキー蒸し 014
- 洋 ウドとフキノトウの春サラダ … 014
- 洋 カリフラワーのクリームコロッケ … 014

SUMMER

- 和 鴨肉の山賊焼き ………… 036
- 和 かまぼこの梅肉海苔わさび和え 036
- 和 茶碗蒸し風だし巻き ………… 036
- 和 鶏ひき肉と梅の青じそ挟み揚げ 052
- 和 カリカリチキンのナスごまみそだれがけ 052
- 中 枝豆の花椒炒め ………… 052
- 和 厚揚げのごまニラにんにくオイル … 056

AUTUMN

- 伊 バルサミコ酢チキンのアボカドディップのせ ………… 068
- 亜 香菜とシラスのエスニックサラダ 068
- 中 茹で豚の麻辣ソースがけ ………… 068
- 和 長芋ポン酢やっこ ………… 080

WINTER

- 和 紅しょうがととろろの磯辺揚げ 100
- 洋 ポテタラオムレツ ………… 100
- 和 大根とイワシの旨煮 ………… 100

書籍限定レシピ

- 和 和風ポトフ ………… 119
- 和 魚介の青海苔炒め ………… 119
- 和 えのきとつまみ菜のゆずこしょうポン酢 ………… 119
- 和 シメの焼きそば ………… 120
- 洋 すだちモヒート ………… 120

国分太一 こくぶんたいち

1974年生まれ。1994年、TOKIOとして『LOVE YOU ONLY』でCDデビュー。グループでは、キーボードを担当。音楽活動を中心に、テレビ、ラジオをはじめ幅広いジャンルで活躍。ミュージシャン、タレント、MCなど様々な顔を持つ。本書では、料理写真の撮影を担当。

栗原心平 くりはらしんぺい

1978年生まれ。料理家 栗原はるみの長男。(株)ゆとりの空間の代表取締役として会社の経営に携わる一方、料理家としても活躍。全国各地で出会った美味しい料理やお酒をヒントに、ごはんのおかずやおつまみにもなるレシピを提案している。

『男子ごはん』番組スタッフ

制作／プロデューサー	朝比奈諒
	山地孝英
演出	掛水伸一
	中野貴文
ディレクター	古郡武昭・山口敏・細川真琴・仁木拓実・高橋美由
AP	橋本佳奈
AD	柴田恵・藤本日向子
デスク	後藤由枝
構成／山内浩嗣・本松エリ・中野恵介・辻井宏仁・岩田竜二郎・小美野高明	

©2020 TV TOKYO

男子ごはんの本　その12
国分太一
栗原心平

2020年4月20日　初版発行

発行人	藤島ジュリーK.
発行所	株式会社エム・シィオー
	〒107-0052　東京都港区赤坂9-6-35
	TEL　03-3470-0333
発売元	株式会社KADOKAWA
	〒102-8177　東京都千代田区富士見2-13-3
	TEL　0570-002-008(KADOKAWA購入窓口)
	※購入に関するお問い合わせ、製造不良品につきましては、上記ナビダイヤルで承ります。
印刷・製本所	大日本印刷株式会社

書籍スタッフ

アートディレクション＆デザイン	佐藤重雄(doodle＆design)
フードコーディネート	下条美緒、小髙芳治、高橋まりあ(ゆとりの空間)
撮影	国分太一(料理)
	栗原 論(カバー、P.111〜125)
広報スチール	野本佳子
スタイリング(costume)	九(Yolken)
スタイリング(interior)	作原文子(カバー、P.111〜125)
ヘアメイク	原熊由佳(カバー、P.111〜125)
DTPワーク	木原幸夫(Seek.)
プリンティングディレクター	加藤剛直(DNP)
制作進行	増野裕之(KADOKAWA)
編集	西埜裕з、豊田さき、古山咲樹、河田奈津子(MCO)
編集協力	テレビ東京
	ジェイ・ストーム
協力	ジーヤマ

Green Power

この書籍の本文の印刷及び製本する際の電力量(2,100kWh)は、自然エネルギーでまかなわれています。

©2020 Johnny & Associates
©2020 YUTORI NO KUKAN CORPORATION
©2020 MCO

Printed in Japan
ISBN978-4-04-895506-5 C0077

本書の無断複製(コピー、スキャン、デジタル化等)並びに無断複製物の譲渡及び配信は、著作権法上での例外を除き禁じられています。また、本書を代行業者等の第三者に依頼して複製する行為は、たとえ個人や家庭内での利用であっても一切認められておりません。
定価はカバーに表示してあります。